생각 정원

뇌심리학으로 밝혀낸 행복한 마음과 뇌의 비밀

생각 정원

장현갑 지음

나무의마음

마음이 자라면
뇌 지도가 바뀐다

오늘도 우리는 살얼음판 위를 걷는 것처럼 팽팽한 긴장감 속에 불안을 잔뜩 끌어안고 살아갑니다.

차곡차곡 쌓이는 분노와 불안은 어느 순간 길들여지지 않은 야생마처럼 불쑥 튀어나와 이성을 집어삼키기도 합니다.

'괜찮다, 나는 괜찮다' 하고 마음속으로 수없이 되뇌어보지만 마음과 뇌와 감정은 쉽게 괜찮아지지 않습니다.

우리 머릿속 정원에는 짧게는 수년에서 길게는 수십 년간 위협적인 상황 속에서 습관적이고 반사적으로 반응하며 키운 잡초가 자라고 있습니다. 대부분은 비난과 책망, 금기와 공포 등 마음을 어지럽히고 행동을 주저하게 만드는 부정적인 감정과 생각입니다.

그중엔 우리로 하여금 실수를 반복하지 않고 위험을 피하게 하는 이로운 것들도 있지만 대체로 실체가 없거나 과장된 것들이 많습니다. 분노와 불안이 특히 그렇습니다.

이제라도 분노와 불안을 잠재우고 삶의 고통으로부터 자유로워질 수 있는 방법은 없는 걸까요?

티베트의 정신적 지도자 달라이 라마 스님은 일찍이 서양 과학자들과 만나면서 "마음이 뇌를 변화시킬 수 있는가?"라는 화두를 던졌습니다.

그러나 '마음은 단지 죄의식의 작용에 불과하다'고 굳게 믿어온 서양 과학자들의 호기심이나 관심을 끌지는 못했습니다.

그럼에도 불구하고 달라이 라마 스님이 오랫동안 마음과 뇌의 상관관계를 화두로 삼은 이유는 무엇일까요?

바로 머릿속 증오와 불안의 늑대를 길들여 덜 이기적이고 덜 공격적인 마음을 훈련함으로써 우리 스스로 좀더 자비롭고 좀더 친절해질 수 있다고 믿었기 때문입니다.

달라이 라마 스님은 수많은 강연과 저서를 통해서 말합니다.

"제 종교는 친절함입니다. 절은 필요하지 않습니다. 복잡한 철학도 필요하지 않습니다. 우리의 뇌, 우리의 가슴이 바로 우리의 절입니다."

달라이 라마 스님은 과학이 따뜻한 심장과 결합한다면 긍정적이고 건설적인 결과를 기대할 수 있지만, 부정적인 정서와 과학기술이 만난다면 세상은 부정적 에너지로 넘쳐나 더 많은 파괴와 더 잔혹한 살생이 난무할 것이며, 결국 삶 자체가 고통이 될 수 있다는 점을 과학자들에게 강력하게 호소해왔습니다.

"제 종교는 친절함입니다. 절은 필요하지 않습니다. 복잡한 철학도 필요하지 않습니다. 우리의 뇌, 우리의 가슴이 바로 우리의 절입니다." -달라이 라마

*

세상의 평화와 행복을 바라는 그의 지칠 줄 모르는 자비와 신념이 드디어 과학과 종교의 만남을 이루게 했습니다.

1987년 10월부터는 자신이 머물고 있는 인도 다람살라로 세계적인 신경과학자, 인지과학자, 물리학자, 심리학자 그리고 의학자들을 초청해 정기적으로 '마음과 삶 회의Mind & Life Conference'를 열고 있습니다.

1989년 노벨평화상 수상 후 미국을 비롯한 서구 여러 나라를 찾았던 그는 신경과학자와 심리학자를 적극적으로 만나 말했습니다.

"저는 마음 그 자체나 특별한 생각이 뇌에 직접적으로 영향을 미칠 수 있을 것이라는 데 흥미를 갖고 있습니다. 뇌가 마음에 미치는 일방적인 작용뿐만 아니라 마음이 뇌에 미치는 작용 또한 고려해야 한다는 뜻입니다."

오랜 시간 명상으로 심리 훈련을 해온 달라이 라마 스님은 뇌가 마음에 영향을 주는 만큼 마음 또한 뇌에 영향을 줄 수 있다는 확신을 가졌던 것 같습니다.

*

신경과학계는 오랫동안 뇌가 변할 수 있다는 생각에 부정적이었습니다.

스페인 출신의 신경해부학자 라몬 이 카할Ramón y Cajal이 1913년에 뇌에 관해 다음과 같이 선언한 것이 결정적이었습니다.

"뇌를 비롯한 중추신경계를 이루는 신경세포는 유년 시절에 한 번 형성되고 나면 영원히 변할 수 없다."

라몬 이 카할은 1906년 노벨생리의학상을 받은 전설적인 신경과학자입니다.

그러나 1970년대 이후 동물실험 결과 등을 통해 그의 선언은 강력한 도전을 받았습니다.

자극이 풍부한 환경에서 자란 동물의 뇌 부피가 양적으로 더 커지고, 노년기에도 새로운 뇌 세포가 생성된다는 사실이 확인됐기 때문입니다.

시각장애인의 경우 뇌에서 더는 쓸모없어진 시각 정보처리 담당 부위가 청각 기능으로 확대된다는 사실도 밝혀졌습니다.

최근엔 뇌 형태가 찰흙처럼 형태 변형이 가능하다는 이른바 '뇌가소성 또는 신경가소성neural plasticity' 개념이 대중에게까지 널리 알려지기 시작했습니다.

언어중추가 손상된 사람이 정상적으로 말을 하고, 선천적으로 지능에 문제가 있던 사람이 훈련으로 장애를 이겨낸 기적 같은 사례들이 전해진 덕분입니다.

이제 뇌가소성을 기초로 뇌졸중, 치매, 자폐 등을 치료할 날이 머지않았다는 희망적인 전망도 들립니다.

뇌가소성이 뇌의 치명적인 결함이나 손상을 극복하는 데만 유용한 게 아닙니다. 훨씬 보편적으로 활용될 수 있습니다.

뇌를 변화시킬 수 있다는 것은 후천적 노력으로 지능과 감성, 집중력과 행복 지수를 키울 수도 있다는 얘깁니다.

더욱 중요한 사실은 그런 변화가 외과적 수술 없이 심리 훈련만으로 가능하단 겁니다.

2005년 달라이 라마 스님은 세계 최첨단 과학학회 중 하나인 '신경과학회Society for Neuroscience'의 초청을 받아 '신경가소성'이라는 주제로 특별 강연을 했습니다.

명상을 통해 생리학·해부학적으로 뇌를 변화시킬 수 있다는 게 강연의 골자였습니다.

뇌를 컴퓨터 같은 일종의 하드웨어적 기계로 인식하고 타고난 뇌는 절대 변할 수 없다고 보았던 서양 과학계가 마침내 뇌를 변화시키는 탁월한 방법으로 명상에 주목하기 시작한 겁니다.

*
*

최근 서양 심리 치료계는 명상을 기반으로 한 심리 치료법이 엄청난 속도로 확산되는 추세입니다. 명상에 기반을 둔 심신 치료를 '제3물결 치료'라 부르며 미국 심리 치료 전문가의 50퍼센트가 명상을 활용한다고 합니다.

심장병, 고혈압, 암 등을 치료하고 예방하는 데 명상이 활용된

지는 이미 오래입니다.

또한 명상을 할 때 뇌에서 일어나는 유익한 변화를 교육하고 훈련시키기 위한 연구가 다방면에서 진행되고 있습니다.

미국에서는 아프가니스탄과 이라크 전쟁에 참전했던 직업군인들에게 호흡 명상을 가르친 후 스트레스와 불안을 해소할 수 있는지를 연구하고 있으며, 유치원과 초등학교에서 명상을 가르쳐 심성을 훈련하는 교육 과정도 개발하고 있습니다.

뿐만 아니라 전 세계 많은 기업들이 명상을 직원 교육 프로그램에 활용하고 있습니다. 세계 최고의 IT기업 구글은 신경과학자, 심리학자 같은 세계적인 석학이나 티베트 선승들과 함께 명상을 기초로 감성 지능 강화 프로그램을 개발하기도 했습니다.

이른바 '내면검색Search Inside Yourself'이라 불리는 이 프로그램에 구글 직원들은 7주간 참여하는데, 만족도가 아주 높다고 합니다.

이전보다 감정 조절이 쉬워졌고 자신감도 높아졌으며 자신에게 가장 적합한 집중력 강화 방법도 터득하게 되었다고 합니다. 뿐만 아니라 복잡다단한 인간관계 속에서 갈등을 원만하게 해결하는 법을 배울 수 있었다는 평가입니다.

최근 들어 삼성, LG, 효성, 신한은행 등 국내 기업들도 직원들의 심신 건강과 잠재력 향상 그리고 원만한 인간관계를 위해 명상을 연수 프로그램에 도입하기 시작했습니다. 저 역시 자문위원과 강연자로 참여하기도 했습니다.

**

　50년 넘게 심리학을 연구하면서 제 머릿속엔 늘 한 가지 물음이 자리 잡고 있었습니다.

　'과연 마음과 뇌는 어떤 관계인가?'

　이 질문에 답하기 위해 의대 생리학교실과 약리학교실에서 뇌과학을 공부하고 정신분석을 받으면서 제 마음을 들여다보기도 했습니다. 요가, 명상, 국선도, 태극권 등으로 30년 넘게 직접 마음 수행도 해봤습니다.

　안식년을 얻어 미국 애리조나대학교에 나가 있는 동안 명상을 의료에 적용하는 법을 접하고 관련 서적을 국내에 처음 번역해 소개하기도 했습니다.

　이 책은 '마음과 뇌는 어떤 관계인가?' 하는 질문에 대한 답을 담고 있습니다. 뿐만 아니라 그 답을 일상생활에 활용할 수 있는 방법을 제안합니다. 모두 제가 지난 수십 년 동안 공부하고 경험한 내용을 바탕으로 하고 있습니다.

　먼저 마음과 뇌가 작동하는 원리를 진화론적 측면에서 다양한 사례를 통해 살펴봅니다.

　그런 다음 심리 훈련을 통해 뇌가 생각하는 방식을 바꾸면 불안과 분노, 화를 잠재우고, 지능과 감성, 자존감과 공감, 집중력과 행복 지수를 키울 수 있다는 사실을 구체적이고 과학적인 근거를 들어 소개합니다. 일상생활에서 쉽게 시도해볼 수 있는 명상법도 담았습니다.

어쩌다보니 불안감과 우울증, 만성 스트레스와 주의산만, 짜증과 분노 같은 감정 상태가 너무나 흔해진 시대가 되었습니다. 우리나라가 자살률, 우울증, 이혼율, 저출산율 등 부정적 삶의 지표가 세계 최고 수준에 이른다는 사실을 잘 알고 있을 것입니다.

과거에 비해 물질적으로 훨씬 풍요롭고 여러 면에서 편리해졌는데도 왜 이렇게 사는 게 힘들고 피로할까요?

마음과 뇌의 상관관계를 이해하면 그 원인은 물론 적절한 해법도 찾을 수 있습니다.

이리저리 휩쓸리며 갈팡질팡 헤매고 있다면 잠깐 멈추고 책을 읽어보세요. 누가 뭐래도 흔들리지 않고 원하는 것에 집중하며 베풀 줄도 아는 따뜻한 삶으로 가는 길을 안내해드립니다.

물론 그 길을 가는 건 온전히 당신의 몫입니다. 마음을 알아차림 하는 것도, 타인을 이해하고 베푸는 삶도 누구도 대신해줄 수 없는 일입니다. 다행인 것은 책을 읽는 것만으로도 자신을 괴롭혀오던 망상과 번뇌의 원인을 이해하고, 상당부분 해소할 수 있다는 사실입니다.

*

마음과 뇌는 우리 몸에서 가장 복잡하고 섬세한 곳입니다. 그래서 처음엔 다소 정신없고, 중간에 길을 잃어 걸어온 길을 되돌아가야 하는 일이 생길지도 모릅니다.

그러나 낯선 곳에서의 여행이 그렇잖습니까. 처음엔 좀 헤매더라도 목적지가 주는 감동을 맛보고 나면, 참고 오길 잘했다는 생각이 들지요.

하루 이틀 고생으로 길을 익히고 나면 자유롭게 활보하며 예상치 못한 풍광들을 접하게 될 것입니다. 여행은 낯선 도시의 매력을 체험하는 것 말고도 자신을 새롭게 발견하게 된다는 데 큰 기쁨이 있습니다. 이번 여행은 특히 더 그렇습니다. 자신을 이해하고, 더 나은 자신으로 만드는 계기를 마련해줄 것입니다.

더불어 책에서 제시한 방법을 따라가다보면 어느새 지금까지와는 다른 방식으로 문제를 처리하는 '새로운 뇌 지도'가 당신의 머릿속에서 자라고 있을 것입니다.

이제부터 책을 읽는다 생각 말고, 나 자신을 이해하기 위한 마음과 뇌 여행을 떠난다고 생각해보세요.

끝으로 그동안 제 강의를 듣거나 책을 읽고 격려해주신 독자 여러분과 바쁘신 와중에도 기꺼이 추천사를 써주신 정목 스님, 김정호 교수님, 홍영대 전무님, 김영환 원장님 진심으로 감사드립니다. 그리고 이 책이 나올 때까지 애써주신 문학동네 나무의마음 이선희 선생과 구미화 선생께 진심으로 감사드립니다.

그럼, 이제 함께 떠나볼까요?

프롤로그_마음이 자라면 뇌 지도가 바뀐다 4

🌸 1장 자기관찰, 상처 입은 마음 들여다보기

뇌 속 공포영화관, 시뮬레이터 20

분노와 적개심, 뇌를 아프게 한다 26

심리신경면역학, 마음과 뇌와 면역계의 연결고리 31

분노의 불길을 잡으려면 36

질투와 괴로움을 낳는 신경망은 같다 41

마음속 증오의 늑대 길들이기 47

성격 유형별로 걸리기 쉬운 질병이 따로 있다 51

상처를 스스로 키우는 사람들 55

편견 없이 타인의 의도 판단하기 60

화날 때, 신경 구조가 달라진다 64

불쾌한 기억창고 비우기 69

우울감과 불안감을 긍정으로 바꾸는 연습 75

죽음의 위기를 겪으며 깨달은 것들 78

마음이 자라는 정원 ① 번뇌를 잠재우는 '호흡 명상' 83

2장 감정은 뇌에 기억된다

자존감의 비밀 88

불안정 애착관계가 보내는 위험신호 93

뇌가 생각하는 방식대로 우리는 사랑을 경험한다 102

마시멜로 이야기, 위대한 자기조절력 108

회복탄력성, 실패를 딛고 일어서는 힘 115

내면의 상처를 치유하는 '함께 걷기' 120

생각하는 대로 이루어지는 '플라세보 효과' 124

따뜻한 말 한마디, 사랑으로 암을 치유하다 129

하버드대학교에 부는 '행복학' 바람 133

마음밭에 잡초를 뽑고 꽃씨를 심다 137

마음이 자라는 정원 ② 부정적 감정에서 벗어나게 하는 '마음챙김 명상' 143

3장 공감, 상대방과 올바른 관계 맺기

털 고르기 통해 관계 맺기를 배우는 유인원처럼 148

상대의 아픔을 이해하는 거울신경세포 152

공감나무에서 꽃피는 연민과 자비심 157

공감 회로에 불을 켜다 164

당당한 자기주장, 나약한 내면을 위한 심리 훈련 169

역행간섭 효과, 뇌는 칭찬보다 비판을 5배 더 잘 기억한다 173

상처를 주지 않는 비폭력적 대화 177

관계를 망치는 '인지적 구두쇠' 185

우분트, "당신이 있기에 내가 있다" 190

마음이 자라는 정원 ③ 세상의 모든 존재를 위한 '자비 명상' 193

4장 집중, 흔들림 없이 온전한 내가 되는 시간

집중의 힘 198

주의집중을 결정짓는 도파민의 작용 203

뇌가 늘 깨어 있으려면 208

주의력을 모으는 3가지 방식 212

휴식, 잘 쉬는 것도 전략이다 217

중독, 잘못된 각성 상태 223

정향 반응과 집중력 228

만약 학습 능력과 기억력이 예전 같지 않다면 233

뇌는 운동하면 자라는 근육과 같다 239

소설을 읽으면 뇌기능이 활성화 된다 246

브레이크 아웃, 정서적 타성이 깨지는 순간 250

마음이 자라는 정원 ④ 주의력을 키우는 '집중 명상' 254

5장 행복 지수를 높이는 마음 연습

하버드 의대 보고서, '명상이 뇌 구조를 바꾼다' 260

새로운 '뇌 지도' 만들기 265

39번 뇌세포에서 찾아낸 아인슈타인의 비밀 271

나이 들면 고리타분해진다는 편견 275

젊은 뇌를 유지하는 사소한 습관 281

21일간의 법칙, 뇌가 새로운 습관을 받아들이는 시간 286

불평하지 않고 살아보기 290

행복 지수를 높이는 감사 일기 쓰기 296

타고난 유전자를 이기는 마음 습관 300

돈으로 행복을 살 수 있다 305

마음이 자라는 정원 ⑤ 행복 지수를 높여주는 '긴장이완 훈련' 310

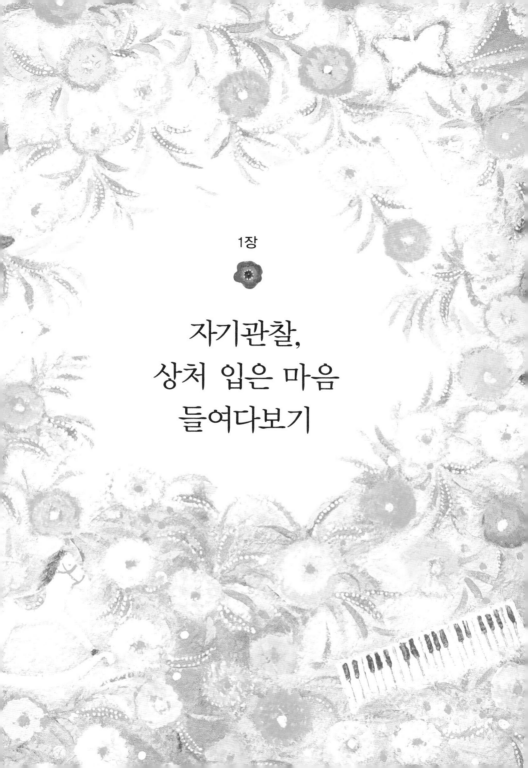

1장

자기관찰,
상처 입은 마음
들여다보기

뇌 속 공포영화관,
시뮬레이터

　　마음이란 스크린에 비친 영화처럼 우리 뇌가 떠올리는 영상입니다. 우리는 하루에도 몇 번씩 머릿속으로 영화를 찍습니다. 지나간 일을 되돌리며 다큐멘터리도 찍고, 상상력을 동원해 판타지도 찍고, 호러도 찍지요.

　　그건 우리 뇌 속에 가상현실을 만들어내는 시뮬레이터simulator가 있기 때문입니다.

　　이마 쪽 전전두엽에서 가상현실을 담은 짧은 영화가 계속 상영됩니다. 온갖 정보를 끌어와 연결한 다음 새로운 영상을 만들어냅니다. 바꿔 말하면 이게 바로 우리의 의식 활동입니다.

　　그런데 그렇게 만들어진 영상이 보통은 걱정거리입니다.

　　과거의 불쾌한 기억을 불러내고 확실치 않은 미래의 위협까지 끌어다 경계합니다. 그러면서 우울해하고 불안해하며 두려워합니다.

우리가 겪는 괴로움은 대개 이렇듯 뇌 속 시뮬레이터에서 만들어내는 가상현실 때문입니다.

온갖 나쁜 생각이 동에서 번쩍, 서에서 번쩍, 과거에서 번쩍, 미래에서 번쩍, 이렇게 마음을 흔들어놓습니다. 신경망을 교란하고 우리의 말과 행동까지 지배합니다. 이게 바로 망상이고 번뇌지요.

뇌 속 시뮬레이터는 망상과 번뇌의 상영관이라고 할 수 있습니다.

*
*

진화론자들에 따르면 인간은 200~300만 년 전쯤 원숭이에서 진화되어 나왔습니다. 그 사이에 우리 뇌는 원숭이에 비해 3배나 용적이 커졌는데, 대부분 바로 이 시뮬레이션을 담당하는 연합영역이 더 커진 것입니다.

가상현실을 만들어내는 시뮬레이터가 인간 생존에 도움이 되지 않았다면 이런 모습으로 진화했을까요?

결국 시뮬레이터가 인간 생존에 이로운 점이 있으니 이렇게 확대된 것이라고 봐야 합니다. 진화가 우리 뇌를 그렇게 만들어놓은 거지요.

그렇다면 뇌 속 영화관은 왜 부정적인 영상을 주로 띄울까요?

언제까지 우리는 과거로 갔다가 미래로 갔다가 동분서주하면서 실체도 없는 괴로움 속에서 허우적거려야 할까요?

다행히 괴로움에 빠져 허우적거리지 않을 지혜와 힘이 우리에겐 있습니다. 자기 자신을 적절하게 평가하면서도 괴로움에 휘둘리지 않을 방법이 있지요.

그러기 위해선 먼저 괴로움의 실체를 파악해야 합니다. 괴로움이 도대체 왜 생겨나며, 어디에서 오는지 안다면 사무치게 괴로워할 일도 없을 뿐더러, 괴로움이 생기더라도 금세 벗어날 수 있습니다.

'지금 내 머릿속에 무서운 불길처럼 괴로움이 퍼지는구나!'

이렇게 괴로움의 실체와 진행 경로를 이해하면 속이 새까맣게 타버리기 전에 불길을 차단할 수 있습니다.

*
*

'자라 보고 놀란 가슴 솥뚜껑 보고 놀란다'는 속담이 있습니다.

우리 뇌가 작동하는 원리를 아주 잘 설명해주는 말입니다.

어째서 그런지 한번 살펴볼까요?

산길을 가는데 꾸불꾸불한 물체가 눈에 띕니다. 열에 아홉은 뱀이라 생각하고 흠칫 놀라 뒷걸음질 칠 것입니다.

생존에 유리한 방향으로 진화해온 우리 뇌가 과거에 보았던 위험한 뱀의 형상을 떠올리고 일단 피하라고 경고음을 울리기 때문입니다.

살다보면 별로 즐겁지도 않고 괴롭지도 않은 일을 접하고도 좋아서 날뛰거나 질겁할 때가 많습니다. '원시적인 뇌'에서 반사적으로 정보를 대충 처리해서 그렇습니다.

인간의 뇌는 진화 정도에 따라 세 영역으로 나뉩니다.

먼저 뇌의 가장 아래쪽에 있는 뇌간을 '원시적인 뇌' 혹은 '파충류의 뇌'라고 부릅니다.

뇌간은 우리가 태어나는 순간부터 작동합니다. 생명의 중추로서 호흡과 심장박동 등을 관장하고, 동물적인 감각으로 위험에 대처하도록 합니다. 생명 유지와 직결되는 기관이지요.

눈앞에 뭔가 다가왔을 때 저절로 눈을 감거나 몸을 움츠리는 등 의식이나 판단이 개입하기 전에 본능적으로 나타나는 반응들이 모두 원시적인 뇌의 작용입니다.

고차원적 사고를 하지는 않지만 생존에 필수적이지요.

뇌간 바로 위에 있는 중뇌에는 '포유류의 뇌'라고 불리는 변연계가 있습니다. 정체가 불확실한 위협에 일단 한발 물러선 다음 상황에서 작동합니다. 감정적으로 반응하게 하는 부위지요.

상황이나 상대에 따라 두려움이나 분노 혹은 친밀감이나 적대감 등을 느끼게 합니다. 그래서 변연계를 '감정의 뇌'라고도 부릅니다.

그리고 가장 꼭대기층에 있는 대뇌피질은 이성적 판단을 담당하는 '인간의 뇌'입니다. 의사결정 및 이해, 추론 같은 지적 기능을 수행합니다.

뇌간과 변연계가 일으킨 충동을 적절히 억누르기도 합니다. 가장 진화한 영역이라고 할 수 있지요.

다시 산길로 돌아가볼까요? 뒷걸음질로 어느 정도 안전을 확보한 뒤에 사람들은 두려워하면서도 눈에 보이는 대상과 기억 속 뱀의 형상을 좀더 객관적으로 비교하기 시작합니다.

움직임이 없다는 것을 확인한 다음, 앞서 가던 일행이 아무런 언질을 주지 않았다는 사실을 환기하며 길가에 떨어진 나뭇가지일 뿐이라고 판단하기까지는 몇 초가 더 걸립니다.

솥뚜껑을 자라로 보고, 나뭇가지를 뱀으로 보는 것은 시력이 나빠서가 아닙니다. 뇌가 영상을 띄울 때 필름을 잘못 골랐기 때문입니다.

앞에서 말했듯이 우리 뇌 속엔 작은 영화상영관이 있습니다. 전전두엽 위쪽 가운데에서 쉼 없이 영상을 띄웁니다. 즉 과거의 경험을 반추하고, 아직 벌어지지 않은 미래의 일들을 상상하면서 생존에 가장 유리한 결정을 내리도록 돕습니다.

그런데 왜 하필 우리 뇌는 뱀을 떠올릴까요? 나뭇가지와 닮은 물건은 다른 것도 많을 텐데요.

그것은 우리 뇌가 위험천만한 세상에서 살아남기 위한 방편으로 부정적인 정보에 민감하게 반응하도록 진화해왔기 때문입니다. 위험을 적절히 피하려면 어떤 것이 위협적인지 빠르게 판단해야 하니까요.

우리의 뇌는 생존에 위협적인 것에 특히 예민하게 반응하도록 진화되어 왔습니다. 그래서 부정적인 일을 한 번 경험하면 기억창고인 해마에 잘 저장합니다.

비슷한 상황이 닥칠 때를 대비해 언제든 빠르게 기억해낼 수 있도록 창고 문 앞쪽에 저장해두지요.

우리가 트라우마(외상)에서 쉽게 벗어나지 못하고 짧게는 몇 년, 길게는 수십 년씩 고통스러워하는 이유도 상처받은 부정적인 경험에 민감하게 반응하도록 뇌 회로가 자리를 잡았기 때문입니다.

예측하기 어려운 상황에 부딪치면 우리는 순식간에 불안감에 휩싸입니다. 그러다보면 생존에 필요한 정도 이상으로 부정적인 성향을 강화하지요.

이미 다 지난 불쾌한 일들을 끄집어내고, 안 해도 될 걱정을 미리 끌어다가 상영관에 올립니다. 뭔지는 잘 모르지만 상상할 수 있는 최악의 상황을 떠올리며 손발이 바짝 긴장합니다.

우리가 느끼는 불안과 두려움의 실체가 바로 이것입니다.

일어나지도 않은 일에 부정적인 색깔을 입혀 머릿속으로 부풀리느라 이성적인 판단을 못하는 거죠. 막상 해보면 별 것 아닌데 지레짐작하여 어렵고 힘들어서 못할 거라 생각하고 회피한 일이 많을 겁니다.

뇌는 원래 위험을 감수하기보다 회피하도록 진화되어 왔습니다.

세상에 염세주의자가 많은 것도 그래서일 겁니다.

분노와 적개심,
뇌를 아프게 한다

"좋아하고 싫어하는 모든 감정을 코브라를 관찰하듯 관찰하라. 코브라는 독이 있는 뱀이다. 물리면 죽을 수도 있다. 마음에서 일어나는 감정도 마찬가지다. 좋아하는 감정에도 독이 있고, 싫어하는 감정에도 독이 있다."

태국의 아잔 차 스님이 한 말입니다.

아마도 마음의 모든 움직임을 조심스럽게 관찰하라는 뜻일 겁니다.

실제로 우리 마음을 들여다보면 사랑하는 이를 생각할 때의 애틋함에서부터 싫어하는 사람을 떠올릴 때 느끼는 격렬한 분노에 이르기까지 다양한 감정이 소용돌이칩니다.

그런데 다시 한 번 가만히 들여다보세요.

맑고 좋은 감정보다 탁하고 불쾌한 감정이 훨씬 많을 겁니다. 화, 분노, 불만, 억울함, 슬픔, 섭섭함 같은 감정이 더 자주 솟구칩니다.

우리 뇌가 부정적인 정보에 민감하게 반응하도록 진화하면서 부정적인 감정을 오래도록 붙잡고 있기 때문입니다.

＊

인간은 위기상황이라고 판단하면 스트레스를 받거나 통증을 느끼도록 진화해왔습니다.

육체적으로 공격을 당했다고 생각해보세요. 몸에 화살을 맞으면 죽을 것처럼 아프겠지요. 그때 느끼는 통증은 생존을 위해 불가피한 것입니다. 우리가 고통을 느끼지 못한다면 상처를 그대로 방치할 테니까요. 피는 계속 흐르고 상처가 곪아 목숨을 잃을 수도 있습니다.

위기상황에서 느끼는 고통은 신속하게 이 상황에서 벗어나야 한다고 온몸에서 울리는 경보음 같은 겁니다. 위기상황이 지속되면 생존 자체가 위태로워질 수 있으니까요.

그런데 우리 몸은 정신적 위기를 맞았을 때도 육체적 위기상황 때와 똑같이 반응합니다.

기대감이 충족되지 않는 등 불편한 감정을 느끼면, 육체적 공격을 받았을 때처럼 콩팥 위에 있는 부신수질이라는 내분비기관에서 에피네프린(아드레날린)이라는 호르몬을 분비합니다.

에피네프린이 분비되면 불안, 공포, 긴장, 주의력 산만과 같은 일련의 부정적인 심리 반응이 일어납니다.

또한 혈액이 커다란 근육 쪽으로 쏠리고 폐의 작은 기관지들이 확장됩니다. 싸우거나 빠르게 달려 도망칠 준비를 하는 거지요. 이러한 변화를 가리켜 '투쟁–도피' 반응이라고도 합니다.

평소라면 소화기관으로 갈 혈액까지 모두 전투 준비에 쏟아붓습니다. 숨을 씩씩 대면서 공격적인 자세를 취하는 겁니다.

이렇듯 위기를 맞았을 때 몸과 마음에서 일어나는 반응을 '스트레스 반응'이라고 부릅니다.

*

스트레스는 생존을 위해 꼭 필요한 반응이지만, 자주 되풀이되거나 만성화하면 질병을 유발할 수 있습니다. 예를 들어 매일같이 마감시간에 쫓기는 일을 하면서 압박감에 시달리거나 해고의 불안을 안고 사는 경우 또는 오랫동안 배우자와 심각한 갈등을 겪어 분노와 적개심을 품고 있다면 만성 스트레스에 노출되었을 가능성이 높습니다.

일시적으로 일어나고 말아야 할 스트레스 반응이 계속 반복되기 때문에 결국 스트레스 관련 질병이나 만성질환에 걸리기 쉽습니다. 만성 스트레스일 경우에는 부신피질에서 코르티솔이라는 호

"좋아하고 싫어하는 모든 감정을 코브라를 관찰하듯 관찰하라. 코브라는 독이 있는 뱀이다. 물리면 죽을 수도 있다. 마음에서 일어나는 감정도 마찬가지다. 좋아하는 감정에도 독이 있고, 싫어하는 감정에도 독이 있다." -아잔 차

르몬이 분비돼 면역세포 기능을 억압합니다.

면역 기능이 약해지면, 감기나 인플루엔자 등에 쉽게 감염될 뿐만 아니라 암을 발생시킬 수도 있습니다. 또한 만성적 대사 장애로 인해 당뇨병과 갑상선 이상 같은 내분비질환이나 고혈압, 고지혈증 같은 순환기계 질병을 유발한다고 알려졌습니다.

오늘날 병원 외래를 찾는 환자의 80퍼센트 정도가 직간접적인 스트레스로 인한 고통을 호소한다고 합니다.

그만큼 스트레스에 시달리는 사람이 많다는 증거이며, 동시에 스트레스가 얼마나 심신에 해로운지를 짐작케 하는 이야기입니다.

스트레스에서 자유로워지기 위해서는 이제라도 뇌를 쉬게 해주어야 합니다.

내게서 일어나는 좋아하고 싫어하는 모든 감정을 잘 관찰해야 합니다.

감정에 무조건 휩쓸려가는 대신 감정의 정체를 잘 살펴야 합니다.

좋아하는 감정에도 독이 있고 싫어하는 감정에도 독이 있음을 알아차려야 합니다.

심리신경면역학,
마음과 뇌와 면역계의 연결고리

마음과 뇌와 면역계를 잇는 연결고리는 1970년대 중반 로체스터대학교의 심리학자 로버트 에이더Robert Ader 박사가 처음 발견했습니다.

에이더 박사의 실험을 한번 살펴볼까요?

먼저 흰쥐들에게 사카린 물을 줍니다. 달콤한 맛 때문에 쥐들이 잘 먹습니다. 쥐들이 사카린 물을 마시고 나면 구토를 일으키는 약물을 주사합니다.

종소리 후에 먹이를 받아먹은 개들은 종소리만 들어도 침을 흘린다는 파블로프의 조건반사를 응용해 쥐들에게 사카린 물에 대한 혐오 반응을 학습시킨 겁니다.

그랬더니 쥐들은 딱 한 번의 구토 경험만으로도 달콤한 사카린 물을 먹으려 하지 않았습니다.

그리고 얼마 지나지 않아 건강했던 실험쥐들이 시름시름 앓기 시작했습니다. 구토제로 쓰인 약물cyclophosphamide이 면역 기능에 관여하는 T림프구를 감소시켰기 때문입니다.

그 후 에이더 박사는 구토제를 주지 않고 사카린 물만 줬는데도 쥐들의 T림프구 감소는 계속되었고, 결국 실험쥐들이 모두 병들거나 죽었습니다.

사카린 물만 먹고도 쥐들의 뇌가 구토제 주사를 맞을 때와 똑같은 상황으로 인식해 면역계가 감소 반응을 일으킨 겁니다.

그전까지 면역 반응은 유해 물질이 침투했을 때 반사적으로 일어나는 생물학적 과정이지 중추신경계는 개입하지 않는 것이라고 생각했습니다.

그런데 에이더 박사의 실험을 통해 심리 상태와 뇌가 면역 반응에까지 영향을 미칠 수 있다는 가능성이 확인된 겁니다.

이 연구는 당시 신경과학계에 적잖은 충격을 던졌습니다.

*
*

이후 비슷한 실험 결과가 축적되면서 중추신경계와 면역계가 긴밀하게 연결된다는 것이 정설로 받아들여졌습니다.

이런 발견을 바탕으로 심리신경면역학Psychoneuroimmunology: PNI이라는 새로운 학문 분야까지 탄생합니다.

심리 상태와 뇌신경 그리고 면역계가 서로 연결되어 영향을 준다고 믿는 심리신경면역학은 심신의학을 설명하는 토대가 됩니다.

또한 스트레스나 우울한 감정이 몸에 부정적으로 작용해 질병으로까지 악화될 수 있다는 것을 과학적으로 설명하고 이해할 수 있게 되었습니다.

T림프구 같은 면역세포는 체세포 하나하나와 개별 접촉하면서 온몸을 샅샅이 순찰합니다.

그러다 낯설고 수상한 세포를 발견하면 그냥 지나치지 않고 공격합니다. 혼자서 힘에 부치면 다른 면역세포들이 지원에 나섭니다.

대개는 건강한 면역세포들의 공세에 종양세포가 살아남지 못합니다.

그러나 만성적 스트레스 때문에 면역세포의 감시망이 약해지면 낯선 세포들을 격퇴하기는커녕 침입 사실조차 눈치 채지 못할 수 있습니다.

그 사이 종양세포는 무섭게 자라 암으로 발전할 수 있습니다.

만성 스트레스, 가볍게 생각하지만 이렇게 위험할 수도 있습니다.

✳

오하이오 주립대학교의 여성 심리학자 제니스 키콜트 글레이저 Janice Kiecolt Glaser 박사와 그녀의 남편이자 면역학자인 로널드 글레이저 Ronald Glaser 박사 부부는 일상생활의 스트레스와 면역 활동의 상관관계를 규명하는 연구를 해왔습니다.

만성 스트레스가 면역 기능을 약화시켜 질병을 유발한다면 일상적인 하찮은 스트레스조차도 면역 반응에 변화를 가져올 수 있을 것이라는 게 이들의 가설이었습니다.

이 가설이 맞는지 확인하기 위해 글레이저 부부는 다양한 스트레스 중에서도 시험 스트레스를 선택해 의과대학 학생들을 대상으로 연구를 했습니다.

학기말 시험을 치르는 일주일 동안 학생들의 기초 면역 자료와 기초 심리 검사 자료를 수집해서 분석해본 결과 시험 스트레스로 인해 면역 기능이 영향을 받는 것으로 확인되었습니다.

시험기간 일주일 동안, 종양 세포나 바이러스성 감염세포와 싸우는 면역세포인 자연살상세포Natural Killer cell의 활동성이 위축되었던 겁니다.

좀더 구체적으로 설명하면, 자연살상세포의 활동과 성장을 돕는 감마인터페론이라는 물질이 평소보다 90퍼센트나 감소했다고 합니다. T림프구도 유의미하게 감소된 걸로 나타났습니다.

또한 '스트레스 호르몬'으로 불리는 에피네프린과 노르에피네프린도 유의미하게 상승했다고 합니다.

면역세포 활동 감소가 스트레스 호르몬 분비 증가와 관련이 있다고 볼 수 있습니다.

이 실험은 학업이나 시험 스트레스처럼 우리가 비교적 가볍게

넘기는 일상적 스트레스에도 우리 몸이 얼마나 민감하게 반응하는지를 잘 보여줍니다.

그렇다고 살면서 스트레스를 전혀 받지 않을 수도 없는데, 어떻게 해야 할까요?

또 다른 연구에서 힌트를 얻을 수 있습니다. 시험을 앞두고 있는 의과대학 학생 34명을 임의적으로 두 집단으로 나누고, 한 집단에만 이완반응을 일으키는 심리 훈련(명상)을 하도록 했습니다. 반면, 다른 한 집단은 아무런 심리 훈련도 하지 않았습니다.

심리 훈련 후 검사를 해본 결과 명상 집단 가운데 열심히 명상에 참여한 학생들의 경우 면역 기능이 유의미하게 상승한 것으로 나타났습니다.

명상과 같은 심리 훈련이 스트레스를 이겨내도록 돕고, 결과적으로 면역 기능을 향상시키는 것으로 해석할 수 있습니다.

분노의 불길을 잡으려면

괴로움이나 분노는 교감신경계를 타고 온몸으로 퍼집니다.

부교감신경계와 함께 자율신경계를 이루는 교감신경계는 자극을 받으면 활성화합니다.

앞에서 살펴본 것과 같이 전투적인 자세를 취하거나 도망치고 보려는 '투쟁–도피' 반응은 모두 교감신경계를 타고 일어난다고 보면 됩니다.

흔히 문제에 답이 있다고 얘기합니다. 분노나 괴로움도 마찬가지입니다. 교감신경계를 타고 불길이 일면 부교감신경계로 맞불을 놓으면 됩니다.

부교감신경계는 에너지를 보존하고 긴장을 이완해 에너지를 충전해줍니다.

맛있는 음식을 먹고 난 후의 포만감, 뜨끈한 목욕물에 들어가 앉아 있을 때의 편안하고 시원한 느낌이 모두 부교감신경계가 작용한 결과입니다.

또 우리가 잠을 자거나 명상을 하거나 휴식을 취할 때 부교감신경계가 활성화합니다.

교감신경계와 부교감신경계는 자율신경계를 이루는 두 축입니다. 한쪽이 강화되면 다른 한 쪽은 약화됩니다. 그래서 이 두 신경계는 서로 길항拮抗 작용을 한다고 합니다.

그러니 분노의 질주를 막으려면 부교감신경계를 활성화해 교감신경계를 차단해야 합니다.

교감신경계를 차단하는 가장 효과적인 방법은 호흡 명상으로 몸을 이완하는 것입니다. 명상은 대표적인 이완 훈련입니다. 본격적으로 명상 훈련을 한다면 훌륭한 맞불 작전이 될 수 있습니다.

*
*

혹시 시험이나 면접과 같은 중요한 일을 앞두고 '실수하면 어쩌지' 하는 초조한 마음이 들 때가 있나요? 명상은 이런 마음을 알아차리고 부교감신경계를 활성화하는 최고의 방법입니다.

몸을 이완하고 감정과 신체 감각에 주의를 집중하는 것 모두 명상에 포함되는 과정입니다.

명상하는 방법에는 여러 가지가 있지만 크게 보면 집중 명상과 마음챙김mindfulness 명상이 있습니다.

집중 명상은 말 그대로 특정한 하나의 대상에 마음을 머물게 하는 훈련입니다. 불교에서 화두나 진언, 절과 같은 특정 대상에 주의를 기울이는 명상이 집중 명상에 가깝다고 볼 수 있습니다.

한편 마음챙김 명상은 대상을 정하지 않고 '지금 이 순간에 나타나는 감각, 느낌, 생각 등에 마음을 모으는 겁니다. 순간순간 떠오르는 대상에 마음을 집중하니 그 대상이 수시로 바뀔 수도 있습니다.

스리랑카, 미얀마 같은 남방 불교에서 주로 하는 명상이고, 최근엔 유럽이나 미국 등지에서 종교와 무관하게 몸과 마음의 건강과 행복 등의 수련법으로 확산되는 추세입니다.

여기에서는 마음챙김 명상을 얘기해보려고 합니다.

마음챙김 명상은 언제 어디서나 시도할 수 있어 매우 대중적입니다.

밥을 먹을 때는 밥 먹는 데 마음을 모으고, 걸어갈 때는 걷는 데 마음을 모으고, 설거지할 때는 설거지하는 데 마음을 모으면 됩니다. 지금 하고 있는 일에 마음을 모으는 것이지요.

따라서 호흡하는 데 마음을 모으고, 누워서 몸을 이완하고 신체의 감각을 차례차례 살피면 그것도 마음챙김 명상이 됩니다.

무엇보다 지금 여기에 마음을 챙기게 되면 번뇌를 잠재워 뇌를 행복하게 해줍니다. 그래서 마음챙김 명상을 '통찰 명상'이라고도 합니다.

평소 우리 머릿속에는 많은 생각이 떠올랐다가 사라집니다.

흔히 우리는 중요한 일을 앞두고 다음과 같은 걱정거리로 머리가 복잡합니다.

'실수하면 어떻게 하지?'

'결과가 사장님 마음에 들지 않으면 어떻게 하지?'

'그녀가 프러포즈를 거절하면 어떻게 하지?'

이렇게 많은 생각이 사실은 실체가 없는 공상에 불과할 때가 많습니다. 아직 일어나지도 않았으며, 일어날지도 확실치 않은 일을 두고 미리 걱정하는 겁니다.

마음챙김 명상의 근본 목적은 시시콜콜한 생각에 사로잡혀 꿈쩍 못하거나 이리저리 끌려다니지 않도록 하는 것입니다.

우리는 현재에 발을 딛고 있으면서도 과거나 미래를 더 많이 헤매고 다닙니다.

그런데 과거라는 기억창고에는 주로 불쾌하거나 슬프고 아픈 경험이 빼곡히 들어 있습니다. 미래에 대한 생각은 걱정으로 얼룩져 있습니다.

따라서 우리가 과거나 미래를 생각한다는 것은 지나간 불쾌한 경험을 되살리고, 하지 않아도 될 걱정을 미리 끌어다 하는 셈입니다. 이것이 바로 우리의 마음입니다.

마음챙김 명상은 과거도 미래도 아닌 지금 여기에 마음을 집중시켜 불쾌한 감정이나 괜한 걱정을 하지 않도록 하는 것이지요.

지금 이 순간에 일어나는 감각, 감정, 생각에 오롯이 주의를 집중하는 훈련이 바로 마음챙김 명상입니다.

마음챙김 명상을 계속하면 의식이 명료해지고 상쾌해질 뿐만 아니라 불안, 긴장, 우울, 분노 같은 부정적인 감정에서 벗어날 수 있습니다. 그러다보면 자연스럽게 삶에 대한 의욕이 솟아납니다.

마음챙김은 말 그대로 덧없는 망상에 흔들리지 않도록 내 마음을 챙기는 훈련입니다.

원하는 일을 다 하며 살기에도 부족한 시간에 쓸데없는 잡념에 휘둘려 괜한 걱정과 괴로움을 떠안지 않도록 마음을 단속하는 것이라 할 수 있습니다.

하루 중 일정한 시간을 정해 짧게라도 마음챙김 명상을 해보세요. 일상의 매순간에 마음챙김을 할 수 있다면 삶의 질이 확연히 달라질 것입니다.

질투와
괴로움을 낳는 신경망은 같다

우리가 누군가를 부러워하고 질투할 때 작동하는 신경망은 괴로움을 낳는 신경망과 동일합니다.

정서적으로나 신체적으로 고통을 겪을 때와 똑같이 반응합니다. 행복해지려다 불행해지는 꼴입니다.

불교에서는 자아를 내려놓으면 모든 괴로움이 사라진다고 강조합니다. 자아가 비록 신경과학적으로 존재하지는 않지만 연기하는 자아, 역할과 상황에 따라 내세워지는 자아가 있습니다.

"나는 당신을 사랑해요."

누군가에게 이런 말을 하려면 '나'라는 주체와 '너'라는 객체가 반드시 필요합니다.

이렇게 연기하는 자아를 우리는 '가현적 자아', 즉 가짜 자아라고 합니다. 어떤 사람과 나를 구분하려면 '나'라는 가상적 자아가 필요합니다.

심리학적으로 다섯 살까지는 자아가 성장한다고 보는데, 이것을 주체성 형성이라고 합니다.

※
※

자아라는 단어를 사용할 때 조심해야 할 부분이 있습니다.

자아를 지나치게 주장하지 말아야 합니다. 지나치게 문제 삼지도 말고요. 그렇다고 완전히 부정해서도 안 됩니다.

특히 뇌 속 시뮬레이터가 만들어내는 영화에 자아를 개입시키지 않도록 조심해야 합니다. 나를 인식의 주체로 삼지 않는다면 떠오르는 갖가지 상상을 있는 그대로 관찰하고 적절한 순간에 떠나보낼 수 있습니다.

시뮬레이터에 자아를 개입시키지 않는 것이 곧 뇌를 쉬게 하는 방법입니다. 떠오르는 대상을 그저 가만히 살펴보고 내려놓는 훈련을 해야 합니다.

자아라는 껍질을 벗겨내면 아침 햇빛에 안개가 서서히 사라지듯 망상이나 번뇌에 휩싸이지 않은 자신의 본래 모습을 꿰뚫어볼 수 있습니다.

자아라는 두터운 벽들이 다 무너지고 나면 부드럽고 달콤한 햇살만이 우리 삶을 따뜻하게 감쌀 것입니다.

누군가를 부러워하고 질투할 때 작동하는 신경망은 괴로움을 낳는 신경망과 동일합니다.
정서적으로나 신체적으로 고통을 겪을 때와 똑같이 반응합니다. 행복해지려다 불행해지는
꼴입니다.

※

질투심에서 벗어나려면 먼저 질투심에 휩쓸려 그 감정에 따라가는 대신 일정한 거리를 둬야 합니다.

어떤 대상을 자꾸만 부러워하고 비교하는 자신을 발견하면 '지금 이 생각은 내가 아니다'라고 선을 그어주세요.

보통 우리 의식은 이러한 알아차림 없이 느끼는 대로, 충동이 생기는 대로, 욕망하는 대로 정신없이 막 끌려갑니다. 그러다보니 고통에 고통이 더해집니다.

이제는 부러움이나 질투심이 생기면 그저 '부러움이 생기는구나' 하고 자기감정을 알아차리고 그냥 흘러가게 내버려두세요.

좀더 적극적으로 부러움과 질투심을 떨쳐내는 방법은 부러워하는 대상이 잘 되길 빌어주는 것입니다.

'내가 갖지 못한 것을 당신이 갖게 되길 원합니다.'

'당신이 원하는 것을 꼭 이루기를 기도합니다.'

이렇게 진심을 다해 상대방을 위해 기도하면 그동안 마음을 옭아매고 있던 족쇄가 스르르 풀립니다.

나보다 더 잘난 사람에게 연민과 친절을 베푼다는 것이 언뜻 어처구니없어 보이지만 마음과 뇌가 작동하는 원리를 안다면 이것이 자신을 위한 최선의 길임을 알게 될 것입니다.

상대가 진심으로 잘 되기를 빌어주는 기도를 하면 누군가를 부

러워하고 질투할 때 작동하는 분노의 불길이 잦아들면서 마음에
평화가 찾아옵니다.

**

기본적으로 질투심은 남과의 비교에서 생겨납니다. 그러니 질투
심에 사로잡히지 않으려면 남들이 하는 평판에서 자유로워져야 합
니다.

무슨 일을 하든지 남의 평가를 너무 의식하게 되면 그 일 자체
가 주는 즐거움과 보람을 느끼지 못하게 됩니다.

인정받으려고 열심히 일했는데, 기대했던 만큼 좋은 평가를 받
지 못할 경우 지금까지 쏟아 부은 노력이 헛수고처럼 여겨집니다.

또 자기 자신을 비하하며 평가자를 원망하게 되지요. 일로 보나
관계로 보나 무척 손해입니다.

남들로부터 지지를 받고자 갈망하는 것이 우리 보통사람들의
마음이긴 하지만 이 마음을 내려놓아야 합니다.

남에게 칭찬받고 인정받고 대접받고 싶어 하는 마음은 진정한
내가 아닙니다. 남의 장단에 맞춰 춤추는 꼭두각시일 뿐입니다.

그동안 남을 의식하기 바빴던 마음의 눈으로 자기 자신을 들여
다보세요.

내가 무엇을 할 때 진정으로 기쁨을 느끼는지, 무엇을 볼 때 저
절로 미소가 번지고 마음이 설레는지 곰곰이 생각해보세요.

남의 기준에 맞춰 자신을 닦달할 때보다 훨씬 큰 성취감과 만족감을 누릴 수 있을 것입니다. 자기 자신을 더욱 사랑하고 존중하게 될 것입니다.

무엇보다 남을 위해서가 아니라 나를 위한 삶을 살아야 합니다.

그때 비로소 질투하는 마음을 내려놓고 행복의 길로 들어서게 됩니다.

마음속
증오의 늑대 길들이기

인디언 전설 중에 '두 마리 늑대' 이야기가 있습니다.

어느 날 말썽을 부린 손자를 앞에 놓고 인디언 추장이 말했습니다.

"얘야, 사람의 마음속에서는 늘 전쟁이 벌어지고 있단다. 늑대 두 마리가 벌이는 아주 끔찍한 전쟁이지. 한 마리는 아주 악한 늑대이고, 다른 한 마리는 선한 늑대란다. 세상 모든 사람의 마음속에서 이 두 마리 늑대가 싸움을 하고 있지."

그러자 손자가 호기심 가득한 눈으로 쳐다보며 물었습니다.

"그 두 마리 늑대가 싸우면 누가 이기나요?"

추장의 대답은 이랬습니다.

"네가 먹이를 주는 늑대가 이긴단다. 악한 늑대는 두려움, 분노, 죄책감, 탐욕을 좋아하고, 선한 늑대는 자비와 연민, 친절과 사랑을 좋아하지."

선한 마음은 추호도 없이 악하기만 한 사람도 없고, 악한 마음은 조금도 없이 선하기만 한 사람도 없습니다. 다만 마음속에 악한 늑대를 기를 것이냐, 선한 늑대를 기를 것이냐는 순전히 우리하기에 달렸습니다.

＊＊

선한 늑대를 길들이려면 자비심과 연민의 마음을 키우고 무엇보다 증오심을 일으키는 도화선을 조심해야 합니다. 뇌관을 밟으면 지뢰가 터지는 것과 똑같은 이치입니다. 교감신경계를 자극하는 요소들이 바로 증오심을 일으키는 방아쇠입니다.

스트레스를 받거나 누군가를 미워하는 등 도처에 증오의 뇌관이 깔려 있습니다. 여기에 휩쓸리면 우리 몸이 경고 반응을 보입니다. 그때 빨리 알아차리고 그 상황에서 벗어나야 합니다.

순간적으로 지뢰를 밟고 말았다면 조심스럽게 뇌관을 제거해야 합니다. 뇌관이 폭발하기 전에 뽑아내야 하지요.

만약 배고파서 짜증이 나 있다면 가볍게 식사를 해보세요. 마음이 긴장되어 있다면 따뜻한 물로 샤워를 하거나 상황이 여의치 않으면 손이라도 씻어보세요.

명상으로 긴장을 이완시키거나 산책을 하며 휴식시간을 갖는 것도 좋습니다. 친한 친구들과 속마음을 터놓고 대화를 하는 것도

선한 늑대를 길들이려면 자비심과 연민의 마음을 키우고 무엇보다 증오심을 일으키는 도화
선을 조심해야 합니다. 뇌관을 밟으면 지뢰가 터지는 것과 똑같은 이치입니다. 교감신경계를
자극하는 요소들이 바로 증오심을 일으키는 방아쇠입니다.

폭발 직전에 있는 마음을 풀어주는 데 효과가 있습니다.

자신의 마음에 이는 소용돌이를 읽어내고 거기에 휩쓸리기보다 거리를 두고 잠재울 방법을 모색하는 모든 노력이 바로 마음 훈련입니다.

*
*

셰익스피어가 《햄릿》에서 이런 말을 합니다.

"선과 악은 따로 없다. 모두 제 마음이 만들어낼 뿐이다."

좋은 생각을 계속하면 만사가 다 좋게 보입니다. 나쁜 생각을 하면 아무리 좋은 것도 악하게 보입니다. 빨간색 안경을 쓰고 세상을 보면 모두 빨갛게 보이고, 노란색 안경을 쓰면 모두 노랗게 보이게 마련입니다.

그래서 우리가 세상을 어떻게 바라보느냐가 중요합니다. 바라보되 반응하지 않으면 소용돌이에 휘말리지 않습니다.

충동에 휘말리지 않고 거리두기를 한 다음에는 마음속 착한 늑대에게 먹이를 주세요.

착한 늑대가 좋아하는 사랑과 신뢰, 격려와 배려 같은 긍정적 정서를 먹이로 주고, 미움과 불신, 화와 같은 증오의 늑대가 좋아하는 먹이는 피해야 합니다.

그렇게 할 때 우리를 휘감고 있던 미움은 더 이상 미움이 아니고, 상처도 더 이상 상처가 아닙니다.

성격 유형별로
걸리기 쉬운 질병이 따로 있다

주위를 돌아보면 똑같은 상황에서도 사람마다 반응하는 방식이 참 다릅니다.

스트레스를 받을 때 불같이 화를 내는 사람이 있는가 하면, 허허 웃어넘기는 사람도 있습니다.

같은 상황에 놓여도 어떤 사람은 스펀지처럼 스트레스를 흡수해 무겁게 가라앉고, 또 어떤 사람은 자신이 받은 스트레스를 중계방송이라도 하듯 말로 풀어내고 털어버리기도 합니다.

만약 스트레스에 대처하는 반응이 제각각이라면 스트레스가 몸에 미치는 부정적인 영향의 정도도 다르지 않을까요?

*
*

1960년대에 접어들면서 심장병이나 암 등에 잘 걸리는 성격이 따로 있다는 주장이 대두되었습니다.

미국의 심장전문의 메이어 프리드먼Meyer Friedman과 레이 로젠먼 Ray Rosenman의 연구가 대표적입니다.

이들은 자신들이 만난 심장병 환자들에게서 공통적인 성향을 발견했습니다.

대부분 몹시 서두르고 화를 잘 내며 공격적이고 경쟁심도 강했던 겁니다. 그래서 이런 행동 양식을 '타입 A'라고 분류했습니다.

이들이 타입 A에게 내린 처방은 타입 B를 흉내내는 것이었습니다. 보다 온화하고 사려 깊게 행동하라는 거였죠.

타입 B는 타입 A와 정반대 성향을 보입니다. 서두르지 않고 느긋하며 호의적이고 누구를 이겨야겠다는 욕심도 없습니다.

타입 A는 타입 B보다 심근경색증에 2배 이상 잘 걸리는 것으로 알려졌습니다.

타입 C와 타입 D도 있습니다. 우리가 흔히 '사람 좋다'고 말하는 부류가 바로 타입 C입니다. 이들은 남에게 싫은 소리를 절대 안 하고, 기분 나쁜 일이 있어도 전혀 내색하지 않습니다. 함께 있는 사람들을 편하게 해주지만 정작 자신은 속병이 듭니다.

우리나라에만 있다는 '화병'이란 게 이래서 생긴 겁니다. 이런 사람들은 암에 걸릴 위험이 높다고 합니다.

타입 D는 비교적 최근에 등장했습니다. 분노나 불안 같은 불쾌한 감정을 억누르지만, 다른 사람들과 어울리는 걸 불편해하고 말수가 거의 없는 소극적인 성격의 사람들입니다.

타입 D는 협심증이나 심근경색 같은 관상동맥질환이나 뇌졸중 등 허혈성 심혈관질환에 취약하다는 보고가 있습니다.

＊

이 연구 결과를 보고 성격 유형과 특정 질병을 연결시킬 수도 있을 것입니다.

하지만 여기서 강조하고 싶은 것은 일반적으로 우울하거나 불안감을 느끼고, 분노나 적개심을 갖고 있을 때 질병에 걸리기 쉽다는 사실입니다.

스트레스는 정상적인 면역계 활동을 흔들어놓습니다. 뇌는 부정적 정서를 감지하는 것만으로도 신경화학물질을 분비해 면역세포들을 교란시킬 수 있습니다.

이런 부정적인 정서를 밀어내는 방법은 뒤에서 더 살펴보겠습니다.

그 전에 타입 A를 발견한 프리드먼 박사가 환자들에게 처방한 방법을 소개해보겠습니다.

그는 타입 A 환자들에게 하루 정도 시계를 집에 두고 외출하라고 권했습니다.

자동차를 운전할 땐 서행차선을 이용하고, 마트에 가면 일부러 가장 긴 줄에 서서 다른 사람들의 행동을 관찰하고 이야기도 나눠보라고 했답니다.

또한 성격을 느긋하게 만드는 방법으로 마르셀 프루스트의 《잃어버린 시간을 찾아서》 전집을 추천했습니다.

프리드먼 박사는 평소 환자들에게 이 책 외에도 고전 읽기를 강력하게 권했다고 합니다.

타입 A는 우뇌가 상대적으로 위축됐을 거라 생각하고 고전을 통해 우뇌에 활기를 불어넣기를 바랐던 겁니다. 알다시피 우뇌는 창의력이나 직관력을 관장하는 곳이지요.

그는 때론 환자들에게 웃는 법을 가르치기도 했다고 합니다. 타입 A는 쉽게 화내고 뜻대로 되지 않을 땐 우거지상을 하고 있는 경우가 태반이니까요.

프리드먼 박사가 환자들에게 자주 했던 말이 있습니다.

"다정하다고 약해 보이는 것은 아니다."

환자들이 거부감을 나타낼 때면 그는 셰익스피어의 《햄릿》에 나오는 말을 다음과 같이 인용했다고 하는데, 새겨두시면 좋을 듯합니다.

"미덕이 없더라도 있다고 생각하라. 그렇게 믿고 행동하면 자연이 준 본성도 바꿀 수 있다."

상처를
스스로 키우는 사람들

'사랑은 비를 타고'라는 유명한 뮤지컬영화가 있습니다. 무성영화에서 유성영화로 넘어가는 전환기의 할리우드가 배경입니다.

스턴트맨 출신 남자 배우 록우드와 여배우 리나는 무성영화 시절 최고 인기를 구가합니다.

그러나 유성영화 시대가 열리자 형편없는 목소리 연기 때문에 위기를 맞습니다.

그때 아름답고 재능 있는 배우 지망생 캐시가 나타납니다.

록우드는 리나의 연기에 캐시의 목소리를 내보내는 방법을 생각합니다.

뒤늦게 이 사실을 안 리나는 자존심에 상처를 입고 분노합니다.

캐시가 이 바닥에 얼씬도 못하게 하겠다며 계략을 세웁니다.

그녀는 속 시원히 한방 먹였을까요?

그렇지 않습니다. 자기 꾀에 넘어간 리나는 많은 사람들 앞에서 톡톡히 망신을 당합니다.

반면 록우드와 캐시는 서로에 대한 사랑을 확인하게 됩니다.

*
*

이런 스토리에 익숙하실 겁니다. 대개 원망하고 분노하는 사람은 제풀에 꺾여 넘어집니다. 영화나 드라마만 그런 것은 아닙니다. 우리 인생이 영화보다 더 극적일 때가 있습니다.

사랑이 가랑비에 젖듯 천천히 스며든다면, 분노는 훨씬 빠른 속도로 온몸으로 퍼져 활활 타오릅니다.

불길이 번지는 방향을 제대로 알고 차단해야 큰불을 막을 수 있습니다.

괴로움이나 분노가 우리 몸에서 퍼져나가는 모습을 살펴볼까요?

아침에 급하게 출근하려는데 자동차 열쇠가 보이지 않습니다. 늘 두던 곳에 둔 것 같은데 없습니다. 째깍째깍 시간은 가고 속이 부글부글 끓어오릅니다.

이런 심리적 불편함에 뇌는 육체적으로 충격을 받았을 때와 똑같이 반응합니다. 원인이 자동차 열쇠이든 실연이든 면접이든 심리적 안정 상태를 깨는 무언가가 감지되면 곧바로 뇌 속 경보장치인 편도체가 경고음을 울려댑니다.

경고음과 함께 뇌에 빨간 불이 들어오면, 교감신경계의 흥분을 일으키는 노르에피네프린 호르몬과 스트레스 호르몬인 에피네프린이 분비됩니다.

만약 자동차 열쇠가 보이지 않으면, 마지막으로 만졌던 게 언제인지 기억해보고, 그래도 찾지 못하면 다른 가족들에게 물어보고 도움을 청하는 게 순리입니다.

그런데 현실에선 짜증이 먼저 납니다.

"아침부터 재수 없게 왜 이러지?"

"누가 또 열쇠를 만진 거야?"

"이러다 지각하겠군."

"팀장이 잔소리할 텐데."

결국 자동차 열쇠 찾기를 포기하고 대중교통을 이용하기로 합니다.

여전히 화가 풀리지 않습니다.

그날따라 버스는 더 오지 않고, 지하철엔 사람이 유독 많게 느껴집니다. 옆에 서 있는 사람은 자꾸 거슬립니다.

창에 비친 얼굴 표정이 어떨지 안 봐도 훤합니다.

*
*

거듭 강조하지만 뇌는 심리적 불편함을 육체적으로 공격받았을 때와 동일하게 처리합니다. 이런 스트레스 상황이 30분 이상 지속되면 부신피질에서 코르티솔을 분비합니다.

코르티솔은 원래 면역계 활동을 억제해 상처에 염증이 나지 않도록 하는 스트레스 호르몬입니다. 실제로는 상처를 입지 않았으니 괜히 면역계를 교란해 면역력만 떨어뜨리는 결과를 낳습니다.

코르티솔은 또 편도체와 해마를 더 자극합니다. 편도체는 해마의 통제를 받아야 수그러드는데 코르티솔이 질서를 깨뜨리는 겁니다.

그러면 편도체는 정신 못 차리고 계속 경보음을 울려대면서 부정적인 정보를 끌어모읍니다.

정글이나 초원이었다면 한껏 민감해진 태도가 숨어 있는 적을 찾아내는 데 유리하게 작용하겠지만 오늘날과 같은 현실에서는 불쾌한 감정을 부풀릴 뿐입니다.

대단치도 않은 일에 화들짝 놀라고, 별것 아닌 일에 짜증을 내게 되지요.

"왜 이렇게 예민해?"

"과민반응 아니야?"

우리가 이런 말을 듣는 게 바로 이런 뇌의 작용 때문입니다.

여기서 그치지 않고 전전두피질의 기능까지 약화시킵니다.

전전두피질은 합리적으로 행동을 계획하고 상황을 판단하며 충동을 억제합니다. 사람이 다른 동물들과 구별되는 게 바로 이 전전두피질 때문입니다.

자동차로 말하면 핸들이자 브레이크이면서 내비게이션 기능까지 담당하는 셈이죠.

　그렇게 중요한 전전두피질이 흔들리면 판단력이 흐려지고 감정을 억누르지 못합니다.

　상대방의 의도를 곡해하고 분노를 참지 못합니다.

　내비게이션은 엉뚱한 곳을 알려주고, 핸들과 브레이크가 말을 안 듣는 자동차에 타고 있는 것과 똑같습니다.

　가혹한 자연환경에서 살아남기 위해 우리 몸은 비상 상황에 반응하도록 진화되어 왔습니다. 아주 급박한 상황에 대비하기 위해서였습니다.

　호랑이가 나타나면 먹던 것을 내려놓고, 사랑타령 그만하고 재빨리 도망치든지 아니면 맞서 싸우든지 하라고 뇌가 지시하는 겁니다.

　요즘 세상엔 맹수가 공격해올 일은 드물지요. 대신 사람들은 감정적으로 위협을 느낄 때가 많습니다. 그럴 때마다 예민하게 반응한다면 우리 몸은 수시로 맹수의 공격을 받는 것과 다름없습니다.

　가만히 들여다보면 별것 아닌데 우리 스스로 상처를 키우고 덧나게 합니다.

편견 없이
타인의 의도 판단하기

상처를 키우는 가장 큰 원인이 바로 오해와 확대 해석입니다.

《장자》〈외편外篇〉'산목山木'에 이런 이야기가 나옵니다.

"배를 나란히 하고 황하를 건널 적에 만약 빈 배가 다가와서 자기 배에 부딪쳤다면 아무리 마음이 좁은 사람이라도 성을 내지 않을 것이다. 하지만 그 배에 누군가 타고 있다면 곧장 소리쳐 나무랄 것이다. 한 번 소리쳐 듣지 못하면 두 번 소리치고, 그래도 듣지 못하면 세 번 소리치면서 기어코 나쁜 말을 내뱉고 말 것이다. 앞에서는 성내지 않다가 지금은 성을 내는 이유는 앞의 것은 빈 배였는데 지금은 사람이 타고 있기 때문이다. 사람이 자기를 텅 비게 하고서 세상에 노닌다면 그 누가 그를 해칠 수가 있겠는가?"

＊
＊

배가 강물에 떠 있는 이상 부딪칠 위험은 언제나 있습니다.

그런데 화를 내고 분노하는 이유를 가만히 살펴보면 단지 배가 부딪쳐서가 아닙니다.

누군가의 잘못으로 내가 위험에 빠질 뻔했다는 생각, 누군가 의도적으로 나를 위험에 빠뜨리려고 했다는 지레짐작 때문입니다.

그 배에 아무도 타고 있지 않았다면 그렇게까지 괘씸한 생각은 들지 않을 테니까요.

실상 화내고 분노하고 미워하는 감정은 내 안에서 만들어집니다. 붓다는 인간의 이런 어리석음을 첫 번째 화살과 두 번째 화살에 비유했습니다.

화살에 맞았다고 생각해보세요. 당연히 아프겠지요?

화살을 맞았을 때 느끼는 아픔은 생존을 위해 불가피한 생물학적인 반응입니다.

그런데 입으론 아파죽겠다고 하면서 치료와 회복에 집중하지 않고 또 다른 화살을 쏘는 사람들이 있습니다.

이미 화살을 한 번 맞았는데, 또 맞으면 고통이 훨씬 심하고 결과도 치명적이겠죠.

이제 죽은 목숨이다, 절망해버리는 사람들도 많을 겁니다.

어떻게 그럴 수 있느냐고요? 당신은 안 그럴 것 같은가요?

＊
＊

　길을 가다 미끄러져 엉덩방아를 찧었습니다. 뒤돌아보니 바나나
껍질이 놓여 있습니다.

　엉덩이가 아픈 것도 아픈 거지만, 누가 길에 바나나껍질을 버렸
는지 원망스럽습니다.

　왜 하필 내가 지나갈 때 거기에 바나나껍질이 있었는지 화가 나
고, 다른 사람은 다 멀쩡히 피해 가는데 왜 나만 미끄러져 넘어졌
는지 운도 지지리 없다는 생각에 또 다시 울화가 치밀어오릅니다.

　엉덩방아를 찧어서 엉덩이가 아픈 건 어쩔 수 없는 첫 번째 화
살의 고통입니다. 살면서 첫 번째 화살을 피할 수는 없습니다.

　그런데 그 순간 남을 원망하고, 자신의 불운을 한탄하는 것은
쏘지 않아도 될 두 번째, 세 번째 화살로 고통을 가중시키는 겁니
다. 가만히 있어도 여기저기서 화살을 쏘아대는 통에 피하기 바쁘
고 아파죽겠는데 스스로 화살을 더 쏠 필요는 없습니다.

　누군가 일부러 당신을 넘어뜨리기 위해 바나나껍질을 거기에 놓
지 않습니다.

　실체가 없으니 거기서 멈추면 좋은데, 대부분은 그렇지 못합니다.

　세상이, 우주가 나를 힘들게 한다면서 비관합니다. 일상이 불만
스럽고 만사가 부정적입니다.

　실체도 없는 두 번째, 세 번째 화살을 쏘며 스스로 상처를 악화

시키는 것은 어리석은 짓입니다.

우리는 모두 강 위에 떠 있는 한 척의 배입니다.

홀로 유유히 떠다니면 좋겠지만 살다보면 비바람에 휘청거리기도 하고 때로는 다른 배와 부딪치기도 합니다. 그때 불쑥 "뭐야" 하는 불쾌한 감정이 솟구칠 수 있습니다.

이럴 때는 다른 배에 타고 있는 사람의 보이지 않는 의도를 해석하려고 애쓰지 말고 빈 배라고 생각해보세요.

보이지도 않는 것에 색깔을 입히느라 헛수고 하는 대신 상황을 수습하는 데 힘을 쏟아보세요.

괴로움에 휘말리지 않고 원래 누렸던 평화를 되찾는 가장 빠른 길은 판단하지 않고 그냥 바라보는 것입니다.

화날 때,
신경 구조가 달라진다

자아는 원래 뜬구름 같습니다. 진정한 나, 영원한 나, 참된 나라고 할 만한 영속적이고 불변하는 '나'라는 신경 구조는 없다는 뜻입니다.

우리가 무엇을 어떻게 하고 있느냐에 따라 뜬구름처럼 형태를 만들었다가 다시 흩어졌다가 또 모여들고 합니다.

예를 들어 어떤 감정을 느낄 때와 사색할 때 자아가 다릅니다. 불쾌하거나 화나는 감정을 느낄 때는 편도체와 시상하부, 뇌하수체, 부신 등이 하나의 신경 조합을 이룹니다. 이것을 'HPA축'이라고 부릅니다.

반면에 과거를 회상하거나 미래를 계획할 때는 전혀 다른 신경 구조가 작동합니다. 전전두피질을 중심으로 전방대상피질과 해마

등이 신경 조합을 형성하는 것입니다.

이처럼 우리 뇌에 있는 신경은 시시각각 형형색색의 패턴을 만듭니다. 감정이나 생각이 일어날 때마다 이 모양에서 저 모양으로 짝짓는 신경 조합의 모양이 달라집니다.

자아는 상황에 의존합니다. 특히 개인이 살아온 경험이 막대한 영향을 미칩니다.

그래서 비슷한 경험을 다시 겪게 될 때면 알아차림을 통한 충분한 여과 과정 없이 기존 감정이나 판단이 되풀이되지요.

                                *
                                *

이렇듯 자아는 정해져 있지 않고 뜬구름 같다는 점을 이해하고 나면 우리는 선택의 갈림길에 서게 됩니다.

자유롭고 행복한 알아차림의 길로 갈 것인지, 분노의 질주에 몸을 맡길 것인지는 우리가 하기에 달렸습니다.

머릿속에 들어차는 모든 생각과 감정이 일시적인 조합에 불과하다는 것을 안다면 안절부절못하면서 연연할 일도 아닙니다.

괴로워하거나 분노에 휩싸일 필요도 없습니다. 어느 하나 절박하게 바라보지 않고 자아를 내려놓는 연습을 하다보면 마음이 편안해집니다.

이와 반대편 길은 과거 경험을 기반으로 만든 분노의 고속도로로 이어집니다.

스트레스를 받으면 교감신경계와 시상하부, 뇌하수체와 부신으로 이어지는 분노의 축이 활성화됩니다. 짜증이 나고 뭔가 쫓기는 듯 불안을 느낍니다.

이런 1차적 반응은 생존을 위해 필요한 첫 번째 화살이라고 했습니다.

그런데 스트레스 상황이 거듭될 때마다 '또 시작이군', '나만 왜 이렇게 사는 게 힘들까' 하면서 지나간 과거의 시련까지 끄집어내어 스스로를 닦달하면 분노의 불길이 고속도로를 타고 온 몸으로 퍼집니다.

분노의 축이 자주 활성화하면 노르에피네프린이라는 신경전달물질이 고갈됩니다.

노르에피네프린은 스트레스를 받을 때만 분비되는 것이 아니라 호기심과 같은 감정을 촉발하기도 하는 중요한 물질입니다. 그런 노르에피네프린이 더 이상 분비되지 않는다는 것은 감정을 느끼기 어렵다는 뜻입니다.

좋은 걸 보고도 좋은 줄 모르고, 슬픈 걸 보고도 슬퍼하지 못합니다. 무감동 상태, 즉 만성 우울 상태라고 할 수 있습니다.

얼굴에 산전수전 다 겪었다고 쓰여 있는 사람들이 이런 경우입니다. 낯빛이 어둡고 표정 변화도 거의 없지요.

자아는 뜬구름 같아서 불변하는 자아는 없다고 했지만 우리가 어떻게 마음먹느냐에 따라 먹구름이 잔뜩 낀 자아를 만들 수도 있고, 화창한 봄날 파란 하늘에 뭉게구름이 떠다니는 것처럼 맑고 밝은 자아를 만들 수도 있습니다.

스트레스 호르몬인 코르티솔 분비가 증가하면 도파민 생성을 억제합니다. 도파민은 쾌락을 느끼게 하는 신경전달물질이지요. 도파민이 억제되면 뭘 해도 즐거움을 얻기가 어렵습니다. 무덤덤해지고 무기력해집니다.

알코올 중독자를 생각해보세요. 술을 먹지 않으면 일상생활이 불가능할 정도로 의기소침해 있습니다. 몸에 알코올이 들어가야 기운도 내고 큰소리도 치지요.

정상적으로는 도파민이 분비되지 않으니 알코올이나 다른 쾌락 물질에 의지하는 겁니다.

*
*

오늘날 만성 스트레스에 시달리는 사람이 적지 않지요.

오죽하면 불안과 우울의 시대라고 하겠습니까.

뇌가 비상상황이라고 느끼면 편도체는 활성화하고, 해마의 기능이 억제됩니다.

해마는 편도체를 통제할 뿐만 아니라 기억을 저장하고 새로운 뇌신경세포를 만들어내는 곳입니다.

해마의 기능이 억제된다는 것은 기억창고가 작업을 쉰다는 의미입니다.

새로운 신경세포를 만들어내면서 기억을 쌓아야 하는데 그걸 못하게 되니, 결국 뇌가 제 기능을 상실하게 되는 겁니다.

우리가 불안하고 긴장하면 머리가 하얘지는 것도 이 때문입니다.

일시적인 것이라면 몰라도 스트레스 상황이 오래 지속되거나, 그런 일이 반복된다면 심각한 결과로 이어질 수 있습니다.

구체적으로 무엇 때문인지 기억하지도 못하면서 짜증이 나고, 뭔가 불안하고 불쾌한 기분이 계속되는 거죠.

이런 악순환으로 새로운 신경세포가 만들어지지 못하면 바로 치매에 걸리는 겁니다.

불쾌한 기억창고 비우기

우리 기억창고에는 부정적 경험들이 훨씬 많이 들어 있습니다. 좋았던 일들보다 상처받았던 일, 가슴 아팠던 일들이 더 빨리, 더 많이 떠오르는 이유가 바로 이 때문이지요.

불쾌한 생각은 실제로 나란 존재가 있어서 모욕받고 상처받는다고 생각하기 때문입니다.

사람마다 상처받는 말들이 다릅니다. 살아오면서 경험한 것들이 다르고 그때 형성된 가치관이 저마다 다르기 때문입니다.

그러나 얼굴이 못났다, 인격에 문제가 있다, 능력이 없다 등 흔히 열등의식이라고 하는 감정은 모든 사람이 조금씩 갖고 있습니다.

그 부분을 톡 건드리면 순식간에 불쾌해지는 거죠. 불쾌한 경험을 무작정 회피하거나 숨겨두거나 부정하는 대신 있는 그대로 인

정해야 합니다. 그게 심리 치료의 첫걸음입니다.

정신분석학적으로는 이를 '무의식의 의식화'라고 합니다. 묻어두었던 감정을 무의식의 세계로부터 점차 의식세계로 끌어올리는 겁니다.

억압하지 않고 과거를 회상하다보면 저 깊은 무의식속에 있던 기억창고의 문이 열리면서 나쁜 기억들이 하나둘 수면 위로 떠오르는 겁니다.

신기한 점은 이 나쁜 기억들이 창고에 꽁꽁 갇혀 있을 때는 굉장한 힘을 발휘하는데, 막상 의식 선상에 떠올려 이해하고 나면 힘을 잃는다는 사실입니다.

*
*

트라우마를 치료할 때도 이 방법을 씁니다. 트라우마는 정서적 충격이 너무나 커 쉽게 회복되지 않는 상처를 입은 것입니다. 특히 아동기에 생긴 트라우마는 성인이 된 뒤에까지 엄청난 스트레스로 작용합니다.

일부 연구자들에 따르면 트라우마가 심할 경우 아픈 상처를 기억하지 않으려는 일종의 방어기전으로 기억을 저장하는 해마의 신경세포가 죽어버릴 수도 있습니다.

나쁜 기억일수록 의식 선상으로 끌어내어 털어버려야 하는데, 이것은 아픈 기억을 끌어낼 통로를 아예 차단해버리는 겁니다.

신기한 점은 이 나쁜 기억들이 창고에 꽁꽁 갇혀 있을 때는 굉장한 힘을 발휘하는데, 막상 의
식 선상에 떠올려 이해하고 나면 힘을 잃는다는 사실입니다.

다행스럽게도 해마의 신경세포들을 되살려낼 수 있으며, 끊어진 신경 회로를 다시 연결시킬 수 있다는 사실이 최근 연구에서 밝혀졌습니다.

있으면서도 없는 척 감추고, 아프면서도 안 아픈 척 애써 외면해 왔던 마음의 상처를 꺼내서 치료하고 씻어낼 수 있다는 뜻입니다. 또한 손상되었던 해마의 신경세포들도 되살려 기억력을 높일 수 있다는 의미입니다.

심리 치료 관련 MRI 연구 결과, 터놓고 대화하는 심리 상담이나 심리 치료만으로도 괴로운 감정을 처리하는 뇌 영역의 활동이 부쩍 감소하는 것으로 나타났습니다.

상처받을 당시 상황을 객관적으로 들여다보고 상처를 준 사람의 처지와 입장을 이해하고 나면 마음속 응어리가 풀어집니다. 전에는 너무나 고통스러워 기억조차 하고 싶지 않았던 일들도 담담하게 떠올릴 수 있게 됩니다.

믿고 의지할 만한 대화 상대가 있다면 허심탄회하게 고민을 털어놓아보세요.

상처를 직시하려는 그 용기가 뇌에 긍정적인 힘을 불어넣어줄 겁니다.

**

부정적 감정을 내버려두면 쌓이고 쌓여서 눈덩이처럼 커집니다.

억누를수록 더욱 단단한 콤플렉스가 됩니다. 뿐만 아니라 부정적인 감정이나 기억은 서로 긴밀하게 접속해 괴로움을 부풀리는 부정적인 회로를 발달시킵니다.

사소한 불쾌감을 경험해도 순식간에 과거의 비슷한 기억과 연결되어 더욱 분노하게 만듭니다.

그래서 아주 작은 일에도 화들짝 놀라거나 불안해하며 만사에 부정적이기 쉽습니다. 부정적인 감정이나 기억은 억누르지 말고 있는 그대로 바라보는 훈련을 해야 합니다.

시카고대학교의 존 카시오포John Cacioppo 교수는 두려움이나 공포 같은 부정적인 감정이 긍정적인 감정보다 전염성이 높다고 주장합니다.

카시오포 교수는 여러 동료와 함께 쓴 《정서적 전염》이라는 책에서 "사람에겐 기본적으로 다른 사람의 표정, 목소리, 자세, 몸동작 등을 똑같이 따라하며 정서적으로 교류하려는 성향이 있다"고 말했습니다.

이와 같은 성향을 '정서적 전염'이라고 이름 붙이고, "의도와 무관하게 상당히 자동적이고 통제할 수 없으며 거의 자각되지 않는 방식으로 일어난다"고 설명했지요.

그런데 알다시피 우리 뇌는 부정적인 정보에 훨씬 민감하도록 진화해왔습니다. 부정적인 정보가 생존에 더 직접적으로 연결되기 때문입니다. 따라서 긍정적인 감정보다 부정적인 감정이 더욱 크게 표출될 수 있습니다.

카시오포 교수는 그 모습을 감지한 주변 사람들도 자신의 생존이 위태로울 수 있다고 판단해 빠르게 부정적인 감정에 휩싸이게 된다고 주장합니다.

부정적인 감정이 긍정적인 감정보다 전염성이 높다는 그의 주장은 집안 분위기나 직장 분위기에 영향을 받게 되는 각자의 경험을 떠올려봐도 수긍할 수 있을 겁니다.

그렇다면 이렇게 전염성이 높은 부정적인 감정을 어떻게 처리해야 할까요?

무조건 억누른다고 능사는 아닙니다. 우리는 나쁜 감정을 꾹꾹 눌렀다가 전혀 예상치 못한 순간에 폭발시키는 경향이 있습니다. 자기 자신에게는 물론 주변에도 결코 좋은 방법이 아닙니다.

부정적인 감정일수록 자꾸 비워내야 합니다. 해묵은 감정, 깨끗이 소화 안 되고 남아 있던 찌꺼기 같은 감정을 끄집어내 풀어야 합니다.

해결되지 않은 감정은 야생마와 같아서 충분히 풀어내고 길들이지 않으면 저절로 순해지지 않습니다. 야생마를 조련하듯 꾸준한 자기관찰을 통해 마음 훈련을 해야 합니다.

유쾌하고 즐거운 기억은 자꾸 되새겨 강화하고, 해로운 암묵기억도 피하기만 할 게 아니라 한 번쯤은 끄집어내 엉킨 실타래를 풀 듯 살살 풀어내야 합니다. 그래야 새롭게 시작할 수 있습니다.

우울감과 불안감을
긍정으로 바꾸는 연습

위스콘신대학교 심리학과 교수인 리처드 데이비슨_{Richard Davidson} 박사는 정서 상태와 뇌 활동과의 상관관계를 밝히고, 명상이 뇌 기능이나 구조에 미치는 영향을 오랫동안 연구해왔습니다.

시사주간지 〈타임〉은 2006년에 세계에서 가장 영향력 있는 인물 100인 중 한 명으로 데이비슨 박사를 꼽기도 했습니다.

데이비슨 박사는 오른쪽 전전두피질이 활발하게 작용하면 우울감과 불안감을 느끼고 외부 자극에 과민하게 반응한다는 사실을 발견했습니다. 정도가 심한 경우 우울증 증세까지 나타나는 것을 확인했습니다.

반대로 왼쪽 전전두피질이 강하게 작용하면 만족감을 느끼고 낙천적이며 쾌활해진다는 것을 알게 되었습니다.

좌반구와 우반구 중 어느 쪽이 더 활발하게 기능하느냐에 따라 낙천적일 수도 있고 염세적일 수도 있다는 사실을 최초로 밝혀낸 겁니다.

**

데이비슨 박사는 2000년대 들어 짧게는 10년, 길게는 50여 년 수행한 티베트 승려 175명의 뇌를 기능성자기공명영상fMRI 장치로 촬영했습니다.

결과는 한 사람의 예외도 없이 모든 승려의 왼쪽 전전두피질의 작용이 우측 전전두피질에 비해 우세했다고 합니다.

부정적인 성향으로 진화되어 온 뇌가 명상을 통해 긍정적으로 바뀔 수 있다는 가능성을 제시한 놀라운 연구였습니다.

그러나 속세와 인연을 끊은 승려들에게서 얻은 결과를 일반화할 수 있을까 하는 의문이 제기되었습니다.

그리하여 데이비슨 박사는 일반인도 명상을 하면 우반구보다 좌반구가 더 우세하게 작용하도록 뇌를 바꿀 수 있을지 알아보는 실험에 돌입했습니다.

불교 명상을 이용해 '마음챙김에 기반한 스트레스 대처법 Mindfulness-based Stress Reduction: MBSR'을 처음 개발한 매사추세츠 주립대학교의 존 카밧진Jon Kabat-Zinn 교수가 함께 참여했습니다.

연구팀은 생명공학회사에 다니는 연구원들을 대상으로 한 주에

3시간씩 8주 동안 마음챙김 명상을 하도록 했습니다.

실험에 들어가기 전엔 오른쪽 전전두피질이 우세했던 뇌가 8주 후에는 왼쪽 전전두피질의 작용이 월등히 앞서는 것으로 나타났습니다.

실제로 불안감과 우울감을 느꼈던 실험 참가자들이 낙천적이고 쾌활하게 바뀌었다고 합니다.

명상은 기분을 긍정적으로 바꾸는 데 그치지 않고 면역 수치를 높이는 효과까지 가져왔습니다.

보통 사람도 명상으로 부정적인 뇌를 긍정적인 뇌로 바꿀 수 있다는 사실이 확인된 겁니다.

데이비슨 박사는 만족감이나 행복감 같은 긍정적 정서도 명상 같은 마음 훈련으로 얼마든지 개발될 수 있다는 희망적인 연구 결과도 다수 얻었습니다.

우리 모두에게 아주 고무적인 일이라 하겠습니다.

죽음의 위기를 겪으며
깨달은 것들

대학에서 학생들을 가르치던 저는 1997년 안식년을 맞아 1년간 강의를 쉴 기회가 있었습니다.

당초 명상 수련을 본격적으로 해보기 위해 1년 한정으로 출가해 선원에서 생활할 계획이었는데, 뜻하지 않은 사정이 생겨 계획이 어그러지고 말았습니다.

돌아보면 인생은 제가 다른 식으로 통찰을 얻길 바랐던 것 같습니다. 이렇게밖에 달리 말할 도리가 없습니다.

이 계획이 어긋나면서 인생에서 가장 고통스러운 경험을 하게 되었기 때문입니다.

1년간 선원에서 생활을 할 수 없게 되자 저는 서둘러 미국 애리조나대학교에 있는 게리 슈워츠Gery Schwartz 교수에게 연락했습니다. 그는 하버드대학교와 예일대학교 심리학과 교수를 거쳐 당시 애리조나대학교에 심리학과 교수로 있었습니다.

게리 슈워츠 교수는 질병과 의식의 관계를 깊이 있게 연구한 인물입니다. 그는 1980년대에 이미 우리가 "몸이 내보내는 불편한 신호를 제대로 읽어내지 못해 단절이 생기면 질병에 걸릴 위험이 높아진다"고 주장하며, '자기 자신에 대한 주의self-attention'를 강조했습니다. 자기 자신에 대한 주의가 소홀해 마음과 몸의 관계가 단절되고 나면 통제불능 상태가 일어나는데, 이것이 질병을 초래한다고 본 겁니다.

'감성 지능Emotional Intelligence'이라는 표현을 처음 쓴 베스트셀러 작가 대니얼 골먼Daniel Goleman과 앞서 티베트 승려 175명의 뇌영상을 연구한 리처드 데이비슨도 하버드대학교에서 게리 슈워츠 교수의 가르침을 받았습니다.

＊
＊

여하튼 슈워츠 교수가 초청해준 덕분에 저는 애리조나대학교에서 지낼 수 있게 되었습니다.

그곳에서 명상을 기반으로 심장병을 치료할 수 있다는 과학적 근거를 본격적으로 연구하고, MBSR을 개발한 존 카밧진의 책도 번역했습니다.

그러다 여름방학이 되자 한국에서 가족들이 찾아왔습니다. 미국 대학원에 합격한 셋째 딸과, 군대에서 갓 제대한 아들 그리고 아내가 애리조나까지 저를 보러온 겁니다.

모처럼 생긴 기회라 우리는 자동차 여행에 나섰습니다.

애리조나에서 로키산맥을 타고 캐나다와 맞붙어 있는 몬태나까지 미국을 남북으로 가르는 긴 여행이었습니다.

그랜드캐니언과 옐로우스톤을 거쳐서 글레이셔 국립공원까지 최고의 비경을 관광하면서 정말 즐거운 시간을 보냈습니다.

마침 6월이라 하늘은 맑고 초록으로 물든 나뭇잎들은 싱그러웠습니다.

흩어져 있던 가족들과 함께한 여행이었으니 더 없이 행복했습니다.

**

그런데 아무도 상상하지 못했던 일이 벌어졌습니다.

제자가 차를 운전하고 있었는데 잠깐 졸았던 모양입니다.

우리가 타고 있던 차는 앞에서 오던 차와 정면으로 충돌하고 말았습니다.

제 눈앞에서 아내와 딸이 세상을 떴습니다.

그 모습을 지켜보면서도 저는 두 다리가 차에 끼어 옴짝달싹 할 수 없었습니다.

헬리콥터 구조대가 출동하고, 현지 TV뉴스에 보도될 만큼 끔찍한 사고였습니다.

소식을 듣고 달려온 친지들이 사태를 수습하고 저는 부서진 다리를 이끌고 아내와 딸의 유해를 안고 우리나라로 돌아왔습니다.

귀국해서도 꼬박 넉 달 동안 병원에서 꼼짝 못했습니다.

몸이 아픈 것도 힘들었지만, 심적 슬픔과 고통은 말로 표현할 수 없었습니다. 죽고 싶은 생각이 수시로 치고 올라왔습니다.

그때 우연히 제 손에 잡힌 책이 한 권 있었습니다.

《마음이 지닌 치유의 힘》이라고 제가 여행할 때 작은 가방에 넣고 다니면서 수시로 읽었던 책입니다. 사고 현장에도 있었습니다.

저는 그 책을 읽고 우리말로 옮기는 작업을 하면서 겨우 제 자신을 추스를 수 있었습니다.

이 책의 저자 조안 보리센코Joan Borysenko 박사는 책에서 이렇게 말합니다.

"고통은 단순한 고통으로 끝나지 않는다. 그 고통 속에서 의미를 찾을 때 엄청난 치유의 힘을 발휘한다."

고통은 고통으로 끝나지 않습니다.

제가 만약 이런 끔찍한 일이 왜 나한테 닥쳤을까 원망하기 시작했다면 제 스스로 셀 수 없이 많은 화살을 꽂았을 겁니다.

그랬더라면 슬픔은 분노로 바뀌어 영영 일어서지 못했을지도 모릅니다.

책을 통해 그리고 명상을 통해 배운 대로 고통을 있는 그대로 지켜보며 마음을 단련한 덕분에 저는 다시 일어나 좀더 강하게 성장할 수 있었습니다.

그렇게 딛고 일어서지 않았다면 죽는 날까지 고통의 마수에서 벗어나지 못했을지도 모릅니다.

다행히 저는 고통이 치료제이자 성장 촉진제로 작용할 수 있다는 놀라운 메시지를 접하고 용기를 냈습니다.

고통 속에서 의미를 발견한다는 것, 고통을 고통으로만 느끼거나 확대 재생산하지 않고 딛고 일어선다는 것은 다시 살아볼 만한 힘을 얻는 것입니다.

번뇌를 잠재우는 '호흡 명상'

인도 수행자들 사이에는 이런 이야기가 전해 내려오고 있습니다.

"살아 있는 생명체에는 평생 동안 호흡하는 횟수가 정해져 있다. 따라서 하루 동안 짧게 호흡해서 호흡 횟수가 많으면 그만큼 오래 살지 못하고, 반대로 길고 느리게 호흡해서 호흡 횟수가 적으면 오래 산다."

실제로 고래, 거북, 코끼리와 같은 장수 동물은 예외 없이 모두 느리고 깊게 호흡합니다.

일반적으로 사람은 하루에 2만 번에서 2만 5,000번 정도 호흡합니다.

매번 깊은 호흡으로 온몸에 산소를 가득 불어넣으며 복식호흡을 하는 사람과, 호흡하고 있다는 사실조차 의식하지 못한 채 그야말로 겨우 얕은 숨만 쉬는 사람은 하늘과 땅 차이입니다.

천천히 깊게 호흡하는 것이 중요한 이유는 이완과 휴식을 돕는 부교감신경이 숨을 내쉴 때 활성화하기 때문입니다.

들숨과 날숨이 충분히 느리고 깊어지면 흥분했던 교감신경이 안정되면서 몸과 마음도 긴장이 풀립니다.

처음엔 1분 정도의 호흡 명상을 시도해볼 수 있습니다. 60초 동안 호흡에 모든 주의력을 집중해봅니다.

굳이 호흡에 변화를 주려고 애쓰지 말고 그냥 하던 대로 자연스럽게 숨을 쉽니다. 다만 주의가 산만해질 때마다 호흡에 의식을 집중합니다.

호흡할 때 몸의 반응을 세심하게 느껴보세요.

숨을 들이마실 때의 시원한 느낌과 숨을 내쉴 때의 따뜻한 느낌을 콧구멍에서 확인해보는 겁니다.

또는 숨을 들이킬 때 아랫배가 솟아올랐다가 내쉴 때 가라앉는 미묘한 변화에도 의식을 모아보세요.

천천히 속으로 호흡을 하나씩 세어도 좋습니다.

하나에서 열까지 센 다음 다시 하나에서 열까지 셀 수도 있고, 마음이 흔들리면 열에서부터 하나까지 거꾸로 세어갈 수도 있습니다.

속으로 숨을 들이마실 때는 '들'이라 하고, 내쉴 때는 '토'라고 조용히 말할 수도 있습니다.

딴 생각에 빠져들 수 있습니다.

지극히 정상적인 일입니다.

마음이 흔들렸다는 것을 알아챈 순간 다시 호흡에 집중하면 됩니다.

자신을 다그치지 말고 스스로에게 관대해지세요.

만약 열을 세도록 마음이 흔들리지 않고 호흡을 계속했다면 대단히 고무적인 결과입니다.

처음 시도에서 10회 연속으로 호흡에 성공한다면 아주 잘한 것입니다.

**

호흡 명상은 다른 모든 명상의 기본 토대이자 닻 역할을 합니다. 그만큼 중요합니다.

그렇다고 해서 이 훈련을 완벽하게 해낼 때까지 다른 훈련을 아무것도 시작하지 말고 미루라는 얘기는 아닙니다. 다른 훈련을 하며 자주 반복하면 됩니다.

1분이 다 되면 훈련이 어땠는지를 생각해봅니다.

'머릿속을 텅 비울 때 느낌이 어땠는가?'

'기분이 좀 달라지지는 않았는가?'

'나의 호흡 패턴은 어떤가?'

평소 무의식적으로 내뱉고 들이마시던 불규칙적이고 얕은 호흡을 알아차림 합니다.

또 이 호흡 훈련이 당신에게 어떤 영향을 미쳤고, 그 영향이 얼마나 오래 지속되고 있는지 생각해보기 바랍니다.

1분 호흡 명상에 익숙해지면 점차 시간을 늘려가봅니다.

10분, 30분, 40분, 60분, 이렇게 늘려가다보면 어느 순간 호흡에 온전히 집중할 때가 찾아올 겁니다.

그러다보면 당신을 흔들어놓던 지독한 번뇌도 점차 사라질 것입니다.

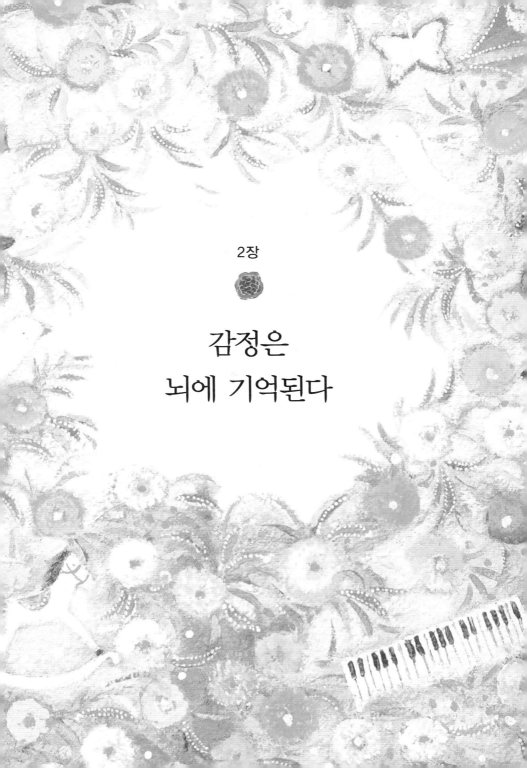

2장

감정은
뇌에 기억된다

자존감의 비밀

우리는 앞에서 진화 정도에 따라 구분한 뇌의 세 영역을 살펴보았습니다. 생존과 직결되는 본능적인 '파충류의 뇌'와 그보다 진화한 '포유류의 뇌(감정의 뇌)' 그리고 가장 최근에 발달한 '인간의 뇌'가 있다고 했지요.

우리가 이제 살펴보려는 자존감처럼 복잡하고 미묘한 감정은 진화 과정에서 아주 늦게 생겨났습니다.

성장 단계에 따라 특정한 감정이 나타나는데, 가장 먼저 나타나는 감정은 행복, 슬픔, 분노, 두려움입니다. 그리고 점점 더 복잡해져 죄책감처럼 많은 인식을 내포하는 감정은 훨씬 나중에 나타납니다. 이를테면 당혹감이나 수치심 같은 사회적 감정은 대개 다섯 살 이전까지는 나타나지 않습니다.

자존감은 자기 자신을 바라보는 태도가 반영된 감정입니다.

서양에서는 아주 오랫동안 인간의 중심에 악이 웅크리고 있다고 강하게 믿어왔습니다. 기독교의 원죄의식에서 영향을 받았다고 할 수 있습니다.

이런 관점은 자연스러운 마음 상태는 본래 밝고 순수하다고 보는 불교적 견해와 대치됩니다. 불교에서는 오욕五慾은 잠시 잠깐 머물렀다 갈 뿐 본질적으로 마음에 내재하지는 않는다고 봅니다. 동양의 자기 인식론은 불교에서 많은 영향을 받았지요.

그런데 요즘은 동서양을 막론하고 자신을 바라보는 방식이 왜곡된 사람들이 참 많습니다.

과거에 경험한 좋은 일들을 말해보라고 하면 대개 곤혹스러워합니다. 자신들이 저지른 잘못은 수도 없이 기억해내는 반면 잘한 일은 선뜻 얘기하지 못합니다.

이 같은 현상은 겸손과는 다른 문제입니다. 부정적 자기평가가 내재화된 탓입니다.

말로는 행복해지고 싶다고 하지만 무의식적으로 정반대 생각을 합니다. 행복해지기를 바라면서도 스스로 그럴 자격이 없다고 느낍니다.

자존감이 낮은 사람들은 보통 다음과 같은 특징을 보입니다.

첫째, 자신에 대한 생각을 많이 합니다.

둘째, 행복해지고 싶어 합니다.

셋째, 그럼에도 불구하고 자기 자신을 경멸하며 분노하는 마음이 있습니다.

자존감이 낮은 사람들은 상황에 따라 자신의 가치를 다르게 평가합니다. 비판받을까봐 내내 두려워하다 칭찬받으면 비로소 안심하지요. 자기 자신에 대한 인식이 남의 시선에 좌우되는 경향을 보입니다.

또한 뭔가 좀 괜찮은 일을 해내면 자신을 높게 사고, 목표했던 기준에 미치지 못하면 금방 실망합니다. 자신에게 너그럽지 못하고 안달하지요.

반면에 건강한 자존감을 가진 사람은 으스대지 않고 근거 없이 교만하지도 않으며 무엇보다 상황에 크게 흔들리지 않습니다.

스스로 목표한 바를 이루지 못하더라도 자책하기보다 자신을 위로하고 다독일 줄 압니다. 또한 어떤 상황에서도 크게 동요하지 않으며 안정적입니다.

*
*

자녀를 키우는 부모라면 꼭 염두에 둬야 할 점이 있습니다.

아동기의 뇌는 아직 완전히 발달하지 않아 변화에 취약합니다. 다르게 표현하면 얼마든지 원하는 방향으로 발달시킬 수 있다는 뜻입니다.

어른들은 성장하는 아이들이 긍정적인 뇌를 갖도록 도와주어야 합니다. 그렇다고 많은 비용을 들여 특별한 경험을 해야 한다거나 부정적인 감정을 감춰야 한다는 말은 아닙니다.

성공적인 삶을 살기 위해서는 어린 시절의 경제적 풍요나 사회적 특권이 아니라 사랑받았던 경험이 가장 중요하다는 게 많은 연구를 통해 확인되었습니다.

하버드대학교 조지 베일런트George Vaillant 교수는 무려 42년간의 연구를 통해 성공적인 삶을 위해선 어린 시절 사랑받고 자란 경험이 무엇보다 중요하다는 사실을 확인했습니다.

사랑받지 못하고 자란 아이가 70세가 되었을 때 심각한 우울증에 걸린 비율이 충분한 사랑을 받고 자란 경우보다 무려 8배나 높았습니다.

또한 어린 시절 어머니로부터 따뜻한 보살핌을 받지 못한 사람일수록 노년기에 치매에 걸린 비율이 높았습니다.

아버지와 관계가 좋지 않았던 사람은 대체로 결혼 생활이 불행했습니다.

이와 같은 결과는 하버드대학교가 1938년부터 누적 연구비 2,000만 달러를 들여 진행 중인 '하버드 그랜트 연구Grant Study'를 통해 밝혀졌습니다.

하버드대학교 출신 백인 남성 268명을 재학 시절이던 20대부터 전 생애에 걸쳐 추적하는 굉장한 연구입니다.

베일런트 교수는 1966년부터 42년간 이 연구를 주도하고, 그 결과를 《행복의 비밀》이라는 책으로 펴냈습니다.

어린 시절 경험이 인생을 좌우하며, 그때 형성된 애착관계가 성공적인 삶의 열쇠임을 새삼 확인시켜준 연구라 하겠습니다.

*

아이에게 깊은 애정을 적극적으로 표현하고, 머릿속에 밝고 즐거운 기억을 열심히 넣어주세요.

하루 일과를 마칠 때쯤 혹은 아무 때고 아이가 좋았던 일을 회상할 수 있도록 유도해주세요.

어린 시절에 건강한 자존감을 형성하면 근거 없이 자신을 과소평가하거나 과대평가하지 않습니다. 대신 당당하고 유연한 태도로 세상을 향해 나아가게 합니다. 또한 무언가를 열망하고 추구하되 집착하거나 연연하지 않게 합니다. 그러다보면 열정적이면서도 친절하고 자비로운 어른으로 성장할 수 있습니다.

뇌가 긍정적으로 성숙하면 삶을 대하는 시각이나 태도도 확연히 달라집니다. 걱정이나 두려움과는 멀어지고 자신감이나 만족감에 더욱 긴밀하게 연결됩니다.

불안정 애착관계가
보내는 위험신호

애착관계를 신경과학적 관점에서 설명하면 공감의 뇌 회로를 만드는 겁니다.

내가 좋아하는 것을 함께 좋아해주고 싫어하는 것을 더 강하게 부정하며 맞장구쳐줄 때 관계가 더욱 돈독해집니다.

반면에 상대가 아무리 예쁘고 멋져도 내가 하는 얘기를 이해하지 못하고 내 감정을 공감해주지 못하면 마치 세상에 혼자 존재하는 듯 외롭습니다.

신경계가 아직 미숙한 아이들의 공감 회로를 발달시키는 것은 전적으로 어른들의 몫입니다.

지각 능력이나 판단 능력이 부족한 아이들의 경우 정서적으로 부정적인 경험을 하면 아주 고통스러운 상처로 남을 수 있습니다.

그래서 어릴 때는 무조건 사랑받고 보살핌받고 있다고 느끼도록 해야 합니다. 그래야 안정감이 생기고 무리 없이 애착관계를 형성해갈 수 있습니다.

*

워싱턴 주립대학교 심리학과 교수인 존 가트맨John Gottman 박사는 공감을 필요로 하는 아이들에게 부모가 흔히 범하는 실수로 다음 사례를 듭니다. 우리 사정에 맞게 바꾸면 대략 이런 내용입니다.

여덟 살짜리 아이가 마당에서 친구와 놀다 다투고 침울한 표정으로 집에 들어왔습니다.

신문 너머로 아이 얼굴을 한심하게 쳐다보던 아빠가 말합니다.

"또 싸웠구나. 넌 이제 여덟 살이야. 그러니 더는 애기같이 굴지 마!"

아이들은 보통 부모의 평가나 충고에 많은 영향을 받습니다.

그러니 아빠의 이런 반응에 아이는 이렇게 생각합니다.

'그래, 아빠 말이 맞아. 내가 아기처럼 굴어서 친구가 안 놀아주는 거야. 내가 문제야. 아무도 나랑 친구하려고 안 할 거야.'

며칠 후 아이가 시무룩한 표정으로 학교에서 돌아왔습니다.

그 모습을 본 엄마가 묻습니다.

"너, 표정이 왜 그래?"

아이가 마지못해 선생님께 꾸중을 들었다고 대답합니다.

엄마는 별 일 아니라고 안심하면서도 아이를 나무랍니다.

"네가 뭔가 혼날 짓을 했으니까 혼났겠지!"

이제 아이는 자기가 무슨 얘길 해도 부모가 실망할 거라고 생각합니다.

부모의 기대에 부응하고 싶은 아이는 어떤 문제가 생겨도 더 이상 부모에게 알리지 않습니다.

부모가 무슨 질문을 해도 "괜찮아요", "좋아요"라고 말할 뿐입니다.

어차피 사실을 말해봤자 부모가 공감해주기는커녕 기분만 상할 테니까요.

시간이 지날수록 아이는 감정을 숨기는 데 익숙해지고 감정을 솔직하게 표현하는 걸 두려워하게 됩니다.

만약 아이와 성공적으로 공감대를 형성하고 싶은 부모라면 어떻게 반응해야 할까요?

아이가 친구와 놀다 침울한 표정으로 들어오면 아빠는 읽던 신문을 내려놓고 다가가 다정하게 묻습니다.

"기분이 안 좋아 보이는구나. 무슨 일 있었니? 아빠한테 얘기해 봐."

그러면 아이는 아빠가 자기편이라고 생각하고 속 얘기를 털어놓을 겁니다.

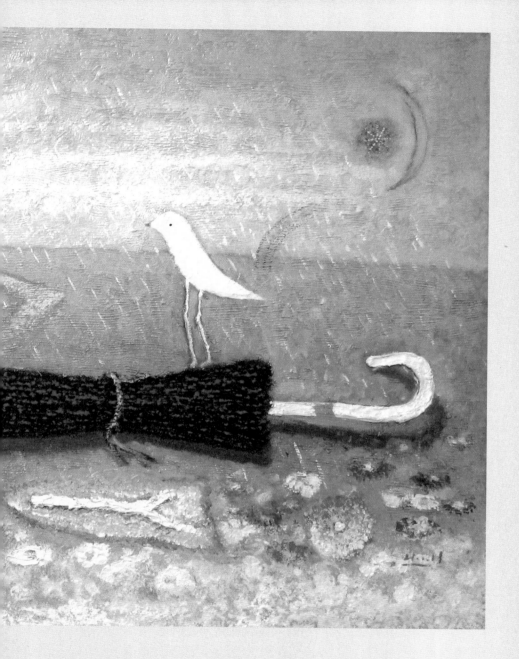

"부모가 어떤 말이라도 들어줄 마음의 준비를 하고 아이를 이해하기 위해 최대한 노력한다
면 아이는 외로움이나 절망감을 느끼지 않는다. 무슨 일이 벌어지더라도 부모가 자신 곁에
있을 것임을 확신하기 때문이다." –존 가트맨

"친구들이 공놀이를 하면서 저를 끼워주지 않아요."

"저런, 기분 나빴겠다."

"정말 화나고 기분 나빠요."

"그럼, 당연하지. 아빠라도 그랬을 거야."

*
*

존 가트맨 박사는 이런 상황에 현명하게 대처하는 방법으로 이렇게 조언합니다.

"부모가 어떤 말이라도 들어줄 마음의 준비를 하고 아이를 이해하기 위해 최대한 노력한다면 아이는 외로움이나 절망감을 느끼지 않는다. 무슨 일이 벌어지더라도 부모가 자신 곁에 있을 것임을 확신하기 때문이다. 자신의 내면에서 일어나는 일들을 부모가 이해한다고 믿기 때문에 부모에게 숨김없이 털어놓는다."

아이들은 부모가 자신의 마음을 이해하는지 못하는지 금방 알아차립니다. 그리고 실망시키고 싶지 않아 합니다. 따라서 아이들의 이야기를 들을 땐 판단을 유보하고 일단 공감해줘야 합니다. 진심으로 그래야 합니다.

부모가 아이 얼굴도 쳐다보지 않고 의례적으로 "오늘 학교에서 어땠어?" 하고 물으면 아이도 의례적으로 "괜찮았어"라고 대답합니다.

그런 식으로는 아이와 절대 제대로 된 소통을 할 수 없습니다.

아이가 기분 나빴던 일, 잘못한 일도 털어놓을 수 있도록 진심을 다해 물어보세요.

그렇지 않으면 '밖에선 활달한데 집에만 오면 과묵한 아이' 혹은 '감정 표현이 서투르고 속을 알 수 없는 아이'로 자랄 수 있습니다.

*
*

어릴 때 부모의 양육 태도는 한 사람의 정서와 성격에 지대한 영향을 미칩니다. 즉 아이와 부모의 1차적 애착 신경망이 잘 만들어지면 이것이 뿌리를 내려서 타인에 대한 안정적 애착 신경망으로 확산됩니다.

그래서 학교에서는 친구들, 직장에서는 동료들 그리고 나아가 인류 전체에 대한 애착 신경망이 안정적으로 자리를 잡게 됩니다.

애착 신경망을 두껍게 해주는 것이 부모가 할 일이고, 학교와 사회가 할 일입니다.

그런데 불행하게도 어린 시절 양육자와 애착관계를 충분히 형성하지 못하면 성인이 된 후에도 부정적 영향이 계속 이어집니다.

가령 엄마가 정서적으로 불안한 상태였다면 아이가 그 정서를 그대로 물려받기 쉽습니다.

젖 물리는 시간이 일정하지 않고, 상황에 따라 젖을 주다 말 때도 있고, 같은 상황에서도 어떤 때는 체벌을 하고 어떤 때는 괜찮다고 하면 아이는 혼란스러워하며 불안을 내재화하게 됩니다.

어린 시절 아이에게 가장 많은 피드백을 제공하는 엄마의 기준이 일정치 않으니 아이가 뭘 해도 불안해하고 주변의 눈치를 살피게 됩니다.

가장 흔하면서도 뿌리 깊은 부정적 기억 중 하나가 어린 시절 양육자와의 관계에서 비롯된 것입니다.

처음엔 뭐가 문제인지 모르지만 어느 순간 자신이 불안정한 애착관계 속에서 자랐다는 사실을 기억해냅니다.

*

최근 가족 관계나 육아 문제를 다룬 텔레비전 프로그램이 많습니다. 가만 보면 아이건 어른이건 문제의 근원은 양육자와의 관계에서 발견됩니다.

아이의 감정을 읽을 줄 모르고 습관적으로 화를 내는 엄마에겐 어린 시절 따뜻한 보살핌을 받아본 적 없는 아픈 상처가 있었습니다.

아픈 상처인 트라우마를 해소하기 위해서는 현재를 불안하게 만드는 어린 시절의 기억을 잘 정리해야 합니다.

어머니나 아버지 혹은 다른 양육자가 제대로 된 애착 신경망을 가질 수 없었던 이유를 이해하고 나면 불안과 분노, 미움이 연민과 이해, 사랑으로 바뀝니다.

엄마도 어려운 가정형편에서 충분한 사랑을 못 받고 자란 탓에 사랑을 주는 법을 몰랐다는 사정을 이해하고 나면 엄마가 미워해야 할 대상이 아니라 연민으로 보듬어줘야 할 대상임을 알게 됩니다.

만약 양육자에게서 안도감을 얻지 못한다면 친구나 연인, 선배나 스승처럼 다정하고 의지할 만 한 사람과 좋은 관계를 이어가도록 노력해야 합니다.

아이가 가정에서 부모와 애착관계를 잘 형성하면 친구나 선생님, 선후배와도 관계를 원만하게 잘 만들어나갑니다.

반면에 부모와의 애착관계에 문제가 있으면 언젠가는 터지고 말 폭탄을 안고 있는 것처럼 불안하고 초조한 삶을 이어가게 됩니다.

애착관계의 중요성을 인식한 선진국에선 영유아기의 애착관계 형성을 국가가 나서서 적극적으로 돕기 시작했습니다.

영국의 경우 가정건강상담사가 있어 영유아들의 발육 상태와 면역력 등을 정기적으로 살핍니다.

요즘은 가정건강상담사의 임무가 애착관계 형성을 지원하는 쪽에 더 무게가 실리고 있다고 합니다. 영유아가 있는 가정을 방문해 발달 시기별로 부모가 아이와 어떻게 관계를 맺어야 하는지 도움을 주는 식으로요.

아이들이 보내는 신체적·정서적 신호를 민감하게 읽어내지 못하고 욕구를 적절히 충족시켜주지 못할 경우 불안정한 애착관계가 만들어지고, 그로 인한 사회적 손실이 엄청나다는 것을 인정하는 변화라고 볼 수 있습니다.

뇌가 생각하는 방식대로
우리는 사랑을 경험한다

모든 사람은 사랑받고 싶어 하고, 또 사랑을 주고 싶어 합니다. 고등동물이라면 모두 사랑을 하지만, 사람이라는 진화단계에 오면 사랑은 훨씬 더 새로운 의미를 갖게 되지요.

사랑은 심리학적으로뿐만 아니라 생물학적으로 설명이 가능합니다.

'옥시토신Oxytocin'이라는 단어를 들어보셨지요? 몸에서 분비되는 물질인데 그리스어로 '일찍 태어나다'란 의미를 담고 있습니다. 아기를 낳을 때 자궁을 수축시키고 젖 분비를 촉진하는 호르몬입니다.

그런데 옥시토신은 출산할 때만 분비되는 게 아닙니다.

우리가 평소 모성애라고 하는 감정을 비롯해 누군가에게 정서적

유대감을 느끼고 신뢰하는 것이 모두 옥시토신이 작용한 결과라고 할 수 있습니다.

저명한 행동경제학자인 에른스트 페르Ernst Fehr는 옥시토신을 코에 뿌렸을 때 상대방에 대한 신뢰감이 높아진다는 연구 결과를 〈네이처〉에 발표하기도 했습니다.

옥시토신은 특히 '사랑의 호르몬', '사랑의 묘약'이라고 불립니다. 사랑을 맺는 데 도움이 되기 때문입니다.

사람은 보통 잘 모르는 상대를 경계합니다. 자기 자신을 지키기 위한 방어본능이죠.

그런데 어떤 사람과 눈이 맞으면 자연스럽게 경계심을 풀고 접근을 허용합니다. 바로 옥시토신이 작용한 결과입니다.

눈빛 교환만으로 상대방을 믿고, 상대방의 좋은 점들을 보려고 애씁니다.

경계심을 버리고 친밀감을 느끼니 공감이 형성되고, 자연스럽게 연민과 자비의 마음이 생겨납니다.

그런데 처음 사랑을 시작할 때의 뜨거운 감정은 옥시토신보다는 도파민이 작용한 결과입니다.

도파민은 흥분, 쾌락, 행복감을 느끼게 하는 신경전달물질이지요. 남녀가 육체적으로 사랑을 나눌 때는 도파민이 분비됩니다.

*
*

우리는 뇌가 생각하는 방식대로 사랑을 경험합니다. 그리고 다행인 것은 우리는 마음 훈련을 통해 뇌를 지속적으로 변화시킬 수 있습니다.

요즘 젊은 층에게 인기가 많은 알랭드 보통Alain de Botton의 책《왜 나는 너를 사랑하는가》에 보면 19세기에 결혼을 앞둔 딸에게 어머니가 다음과 같이 주의를 주는 대목이 나옵니다.

"오늘밤 네 남편이 제정신이 아닌 것처럼 보일 게다. 하지만 아침이 되면 멀쩡해 있을 거란다."

같은 책에 "나는 키스한다. 고로 생각하지 않는다"가 육체적으로 사랑을 나누는 사람들에 대한 공식적인 신화라는 내용도 나옵니다.

이렇듯 이성이 비집고 들어갈 수 없을 만큼 너무나 열렬해 광란의 상태가 되는 건 도파민 때문입니다.

우리가 센 불로 물을 끓이면 물이 사방으로 흘러넘치는 것처럼 열렬한 감정은 변덕스럽습니다.

연인들이 뜨겁게 사랑하다가 다시 안 볼 것처럼 싸우고 오해하고 또 그러다 헤어지는 것도 도파민이 작용한 결과라고 할 수 있습니다.

관계가 어느 정도 지속되면 들끓던 감정은 안정을 찾습니다. 도파민이 옥시토신과 임무를 교대한 것이죠.

오래된 연인관계는 옥시토신의 지배를 받습니다. 그렇다고 이들에게 갈등이 없는 건 아닙니다. 불쑥불쑥 오해가 생기기도 하고 상처를 받기도 합니다.

가끔씩 도파민이 장난을 치는 것이죠.

그러다 실연을 하기도 합니다. 그러면 굉장히 아프지요.

지속해오던 관계가 깨지고 감정이 상처를 입었으니 편도체가 경고등에 불을 켜고 온몸에 "큰일났다"고 신호를 보내는 겁니다.

안타까움, 억울함, 배신감이 눈덩이처럼 불어나 주체할 수 없을 정도가 됩니다.

요즘 뉴스를 보면 실연의 괴로움을 이겨내지 못하고 스스로 목숨을 끊거나 복수를 감행하는 극단적인 일들도 심심찮게 볼 수 있습니다.

그들 곁에 속마음을 털어놓을 수 있는 대상이 한 사람이라도 있었더라면 그런 비극적인 일은 벌어지지 않았을 겁니다.

*

우리는 뇌가 생각하는 방식대로 사랑을 경험합니다. 그리고 다행인 것은 우리는 마음 훈련을 통해 뇌를 지속적으로 변화시킬 수 있습니다.

우리 뇌에서 흥분, 불안, 공포 같은 부정적인 감정을 관장하는 곳이 편도체인데, 옥시토신이 편도체의 기능을 약화시킵니다. 성난 마음을 누그러뜨리는 거죠.

우리가 분하다거나 비통해할 때 누군가에게 털어놓고 위로받고 싶어 하는 것도 옥시토신이 꿈틀대서 그렇습니다. 나름의 생존법이지요.

누군가의 어깨에 기대어 흐느껴 울기도 하고 위로받고 마음을 달래고 하는 것이 모두 옥시토신의 작용입니다.

명상과 같은 심리 훈련을 꾸준히 하면 전전두피질과 변연계를 연결하는 신경 회로가 활성화됩니다.

이 두 곳을 연결하는 신경 회로가 활발히 움직인다는 것은 이성적으로 감정을 조절할 수 있다는 뜻입니다. 심리 훈련을 통해 미워하던 감정을 버리고 사랑하는 마음을 키울 수 있습니다.

그러다보면 어느새 지금까지와는 다른 방식으로 사랑을 경험하는 신경 회로가 자라게 될 것입니다.

뇌가 생각하는 방식을 바꾼다면 우리는 미움 대신에 사랑을, 고통 대신에 행복을 선택할 수 있습니다.

마시멜로 이야기,
위대한 자기조절력

　　요즘 주의력 결핍 및 과잉행동증후군ADHD 아이들이 많다는 뉴스를 자주 접하게 됩니다. 주의가 산만하고 자기조절력이 떨어지는 초등학생이 전체 학생의 10퍼센트가 넘는다는 보도가 계속 나오고 있어 걱정입니다.

　　물론 여섯 살 미만까지는 행동을 계획하고 상황을 판단하는 전전두피질이 발달되어 있지 않기 때문에 어린 아이들은 산만할 수밖에 없습니다. 집중력이 떨어지고 부산스러운 것은 자연스러운 현상입니다.

　　문제는 초등학교에 입학한 이후입니다. 인지 능력을 관할하는 전전두피질과 타인에 대한 공감 능력을 담당하는 뇌도insula와 전방대상피질이 서로 적절히 조화를 이룰 수 있게 교육을 해야 합니다. 그래야 지능과 감성이 골고루 발달하여 내적 균형감을 유지할 수 있습니다.

그런데 우리의 교육 현실은 어떤가요? 아이들이 학교에서 100점 받아오고, 남에게 지지 않고 똑 부러지게 말 잘하면 그게 최고라고 생각하는 학부모들이 많습니다. 물론 중요하긴 합니다만 그게 전부는 아닙니다.

셈 잘하고 기억력 좋고 말 잘하는 건 지적 능력을 판단하는 기준이 될 수는 있습니다. 하지만 지능 지수가 높다고 성공하는 것은 아닙니다.

존스홉킨스대학교 연구팀은 다가올 미래에 성공하는 사람들의 특징에 대해 "상대방의 감정을 잘 알아차리고 배려하는 공감형 인물"이라는 연구 결과를 발표한 바 있습니다. IQ가 높다고 상대방의 감정을 잘 알아차려 배려하거나 공감하는 건 절대 아니기 때문입니다.

유명한 심리학자이자 베스트셀러 작가인 대니얼 골먼도 말합니다.

"성공의 80퍼센트는 감성 지능의 영향이고, 지능 지수가 미치는 영향은 20퍼센트 미만이다."

그렇다고 감성만 풍부해서도 안 되겠지요.

감성 지능이란 자신의 감정이나 충동, 욕망을 알아차리고 이것을 적절히 조절하는 능력과 인간관계에서 공감하는 능력을 말합니다. 이성과 감성의 합작품이지요.

*
*

　감성 지능의 중요성을 설명하는 간단한 실험이 있습니다. '마시멜로 실험'이라고 불리는 유명한 심리학 실험이지요.

　1966년 스탠퍼드대학원 심리학과 학생이던 월터 미셸Walter Mischel은 네 살짜리 유치원생들을 대상으로 실험을 시작했습니다.

　실험에 참여한 아이들은 주로 스탠퍼드대학교에 근무하는 교직원과 대학원생들의 자녀였는데요, 아이에게 먹음직스러운 마시멜로를 하나 주면서 15분간 먹지 않고 갖고 있으면 마시멜로를 하나 더 주겠다고 약속합니다.

　그런 다음 아이를 혼자 놔두고 안 보이는 곳에서 관찰합니다.

　눈앞에 보이는 마시멜로를 먹지 않고 버틴다는 것은 네 살짜리 아이에겐 대단한 참을성을 요구하는 과제입니다.

　많은 아이들이 실험자가 나가고 혼자 남게 되자 곧바로 마시멜로를 먹어버렸습니다.

　하지만 일부 아이들은 실험자가 되돌아오기까지 15분을 기다렸습니다.

　먹고 싶은 욕구를 참느라 눈을 감거나 얼굴을 팔에 묻고 버티는 아이들도 있었고, 혼잣말이나 노래로 지루한 시간을 견디는 아이들도 있었습니다.

연구팀은 이 아이들이 고등학교를 졸업할 때까지 15년간의 행동 발달 상황을 추적했습니다.

그 결과 꾹 참고 버틴 아이들은 학업에서 높은 성취를 보였습니다. 미국대학수학능력시험sAT에서 210점을 앞서기도 했습니다.

이들은 공통적으로 어려움에 직면해서도 일단 도전해보고, 실패하더라도 좌절하지 않고 다시 일어나는 성향이 강했습니다.

반대로 실험 당시 곧바로 마시멜로를 먹어버렸던 아이들은 실패를 감당하지 못하고 쉽게 좌절하고 자기 자신을 비하하거나 불쾌한 일에 신경질적으로 과도한 반응을 보여 일을 크게 만드는 경향이 강했습니다.

마시멜로 하나에 어떻게 이렇게 큰 차이가 빚어지는 걸까요?

이 실험에서 아이들이 보여준 것은 단순한 인내력이 아니라 더 나은 미래를 위해 당장의 욕구를 기꺼이 억제하는 위대한 자기조절력이었습니다.

2011년에 주간지 〈뉴요커〉가 이 실험에 참가했던 이들을 다시 만나보았습니다.

네 살 때 마시멜로의 유혹을 견딘 이들은 중년이 되어서도 성공적인 삶을 살고 있었습니다.

반면 15분을 참지 못했던 이들은 가난하게 지내며 비만이나 약물 중독에 시달리고 있었습니다.

자기조절력이 약해 술, 약물, 게임, 도박 등 온갖 유혹을 참아내지 못한 이들의 인생이 어떤지 확인시켜준 것이지요.

*
*

　2012년 10월 심리학 저널 〈Cognition〉에 새로운 마시멜로 실험이 소개되었습니다. 로체스터대학교의 연구팀이 진행한 실험인데, 자기조절력이 후천적 환경에 큰 영향을 받을 수 있다는 점을 보여주었습니다.

　이 대학교 박사 과정에 있던 설레스트 키드Celeste Kidd가 중심이 되어 1966년에 진행한 마시멜로 실험을 그대로 재현했습니다. 다만 본격적인 마시멜로 실험에 앞서 아이들을 14명씩 두 집단으로 나누고 각기 다른 경험을 하게 했습니다.

　사전 경험은 이런 것이었습니다.

　아이들에게 남이 썼던 크레용을 나눠주면서 조금 있다가 새것으로 바꿔주겠다고 말합니다.

　그리고는 한 집단에게만 약속대로 새 크레용을 줍니다. 다른 집단에겐 크레용이 다 떨어졌다고 해명합니다.

　잠시 후 아이들에게 작은 스티커를 하나씩 주면서 금방 더 크고 멋진 스티커 세트를 가져다주겠다고 말합니다.

　이번에도 한 집단에게만 약속대로 스티커를 주고, 다른 집단에겐 스티커가 다 떨어졌다고 말합니다.

　이 같은 사전 경험이 마시멜로 실험에 어떤 영향을 미쳤을까요?

결과는 놀라웠습니다. 약속대로 크레용과 스티커를 받은 집단은 9명이 마시멜로를 먹지 않고 기다린 반면, 두 차례 실망을 경험한 집단의 아이들은 14명 중 13명이 마시멜로를 먹어버렸습니다.

마시멜로를 먹지 않고 버틴 시간도 12분과 3분으로 크게 차이가 났습니다.

기존 마시멜로 실험에서 아이들이 절제력을 보인 시간이 평균 5~6분이었던 것과 비교하면 사전 경험이 가져온 차이는 엄청납니다.

연구팀은 이 실험 결과가 "아이들의 자기조절력뿐만 아니라 약속된 보상에 대한 신뢰 정도를 반영한다"며, "기다려봤자 마시멜로를 하나 더 받지 못할 거라고 생각한 아이들은 기다리기를 빨리 포기한 것"이라고 설명했습니다.

이 마시멜로 실험은 환경과 경험이 얼마나 중요한지를 다시 한 번 일깨워주었습니다. 어린 아이들도 자신의 환경과 경험을 기초로 나름의 합리적인 판단을 내린다는 사실을 새삼 확인시켜주었습니다.

기존 연구에서도 양육 환경은 아이들의 선택에 막대한 영향을 미치는 것으로 나타났습니다. 아버지가 집을 나가는 등 양육자가 불안정한 태도를 보인 환경에서 자란 아이들의 경우 더 큰 보상을 참고 기다리기보다 규모가 작더라도 당장 챙길 수 있는 보상을 선호했습니다.

아이들의 자기조절력에 어른들의 일관적인 태도, 안정된 양육

방식이 무엇보다 중요하게 작용한다는 의미입니다.

마시멜로 실험이 너무 유명해진 나머지 부모라면 아이를 상대로 마시멜로 실험을 해보고 싶을지도 모릅니다.

로체스터대학교 연구팀은 "그러지 말라"고 충고합니다. 아이는 부모가 무엇을 기대하는지 잘 알기에 결과를 신뢰할 수 없다면서요.

아이들은 생각보다 예리합니다.

회복탄력성,
실패를 딛고 일어서는 힘

나이에 상관없이 무언가를 배우고 학습함으로써 얻는 이득은 아무리 강조해도 지나치지 않습니다. 그런데 무언가를 배울 때 망설여진다고 털어놓는 사람들이 종종 있습니다.

배우고는 싶은데 남들이 "그 나이에 아직까지 그것도 모르고 있었어?" 하고 흉볼까봐 선뜻 시작하지 못하겠다는 겁니다.

스스로 부족한 인간이란 느낌, 즉 수치심이 자극받을 때 누구나 견디기 어렵습니다.

그래서 더 위축되어 변명을 늘어놓거나 아니면 위축되지 않으려고 화를 내게 됩니다.

그 결과 애초의 문제는 해결의 길에서 더 멀어지고 상처받은 자신을 지키는 데 에너지를 모두 쓰고 맙니다. 악순환이 계속되는 거죠.

사람은 누구나 상처받고 싶지 않아 합니다. 하지만 상처를 감수하지 않으면 성장할 수 없고, 성장하지 못하면 위축되고 맙니다. 계속해서 자신의 한계를 시험하지 않으면 안전지대라고 생각했던 울타리는 점점 좁아지고 결국엔 벼랑 끝으로 내몰리게 됩니다.

*
*

'회복탄력성'이라는 말을 들어보았을 겁니다. 실패나 좌절로 인한 괴로움에서 벗어나는 힘을 말하지요.

공이 바닥에 떨어졌다가도 다시 통통 튀어오르고, 오뚝이가 쓰러질 듯 기울어졌다가도 다시 우뚝 서는 것처럼 시련을 훌훌 털고 다시 목표한 바를 향해 나아갈 수 있는 힘을 가리킵니다.

그런데 이 회복탄력성이 어릴 적 애착관계와 깊은 관련이 있습니다.

회복탄력성의 중요성을 처음으로 세상에 알린 '카우아이 섬 연구'를 소개해보겠습니다.

1950년대 하와이 군도 서북쪽 끝에 자리 잡은 작은 섬 카우아이는 절망의 나락에 떨어져 있는 것처럼 보였습니다.

극심한 가난에 시달리며 주민 대다수가 범죄자나 알코올 중독자 혹은 정신질환자였지요.

1954년 미국의 소아과 및 정신과 의사와 사회복지사, 심리학자로 이루어진 연구팀이 이 섬에 도착했습니다.

이듬해 이 섬에 833명의 신생아가 태어났는데, 연구팀은 이들이 엄마 뱃속에 있을 때부터 서른 살 이상 성인이 될 때까지 인생 전반을 추적했습니다.

데이비스 캘리포니아대학교 명예교수인 심리학자 에미 워너Emmy Werner 박사가 40여 년간 '하와이 카우아이 섬 종단 연구'라 불리는 이 연구를 주도했습니다.

그는 833명 중에서도 특히 열악한 환경에서 자란 201명을 가려 뽑아 성장 과정을 추적했습니다.

그런데 놀랍게도 그중 72명이 밝고 훌륭하게 자랐습니다. 학창 시절 개근상과 우등상을 놓치지 않았고, SAT 성적이 전국 상위 1퍼센트 이내에 든 경우를 포함해 객관적으로 평균 이상이라고 할 만한 성취를 이룬 아이들이 3분의 1이나 되었던 겁니다.

워너 교수는 이들이 열악한 환경을 딛고 건강한 성인으로 자랄 수 있었던 비밀을 발견하기 위해 공통된 특성을 탐색하기 시작했습니다.

그러다 마침내 찾아냈습니다.

비밀은 그들 주변에는 어떤 상황에서도 무조건적으로 신뢰와 지지를 보내주는 어른이 한 사람 이상은 있었던 겁니다.

아무리 힘들고 괴로워도 누군가 나를 믿고 응원해준다고 생각하면 섣불리 포기하거나 주저앉지 못합니다.

실패를 딛고 성공한 사람들의 삶을 살펴보면 넘어졌을 때 손을 내밀어 일으켜준 누군가가 한 사람쯤은 있었습니다.

어머니나 아버지 등 가족인 경우가 많지만 선생님이나 친구, 이웃일 때도 있습니다.

반면에 기댈 곳 없고 믿어주는 사람 하나 없다는 생각이 들면 쉽게 의지가 꺾이고 좌절하게 되지요.

*
*

위스콘신대학교에서 진행한 연구를 보면 지지해주는 사람의 힘을 다른 방식으로도 확인할 수 있습니다.

연구팀은 실험 참가자들을 대상으로 언어구사력, 분석적 추론 능력, 실용적 창의성을 시험하면서 친구나 친인척 이름을 노출시켰습니다.

그 결과 자신과 목표가 같거나 자신의 목표를 지지하는 지인들의 이름을 보는 순간 이러한 능력이 상승한다는 사실을 확인했습니다.

연구팀은 "아주 짧은 순간이지만 참가자들이 자신을 사랑하는 사람들을 떠올림으로써 집중력과 문제해결 능력이 향상되었다"고 밝혔습니다.

주목할 것은 실험 참가자의 목표를 존중하지 않는 사람의 이름을 보여주면 오히려 역효과가 나타났다는 사실입니다.

사람은 누구나 자신을 믿고 기도해주는 사람을 필요로 합니다.

지치고 힘들어 주저앉고 싶을 때 그리고 불확실한 미래에 마음이 흔들릴 때 그 존재만으로도 버틸 힘이 생깁니다.

주변을 둘러보세요. 당신에게도 그런 사람이 한 명쯤은 있을 것입니다.

만약 없다면 당신이 먼저 누군가에게 그런 사람이 되어주세요.

상대에게 먼저 보여주는 신뢰는 당신을 더 크고 단단하게 성장시킬 것입니다.

내면의 상처를 치유하는
'함께 걷기'

프랑스에는 '쇠이유Seuil'라는 비행 청소년 교정단체가 있습니다.

그런데 교정 방식이 좀 특별합니다. 소년원에 수감된 청소년을 프랑스어가 통하지 않는 다른 나라에서 3개월 동안 1,600킬로미터를 걷게 합니다. 하루 평균 17킬로미터를 걸어야 합니다.

그렇게 3개월간 완보하면 두말 않고 집으로 돌려보냅니다. 프랑스 법무부가 공식적으로 석방한다고 합니다.

쇠이유는 〈르피가로〉 등에서 30년간 기자생활을 하고 은퇴한 베르나르 올리비에Bernard Ollivier가 만들었습니다.

나이 예순에 퇴직한 그는 아내를 먼저 떠나보내고 우울증에 걸려 자살까지 시도했지만 결국 걷기를 통해 새 삶을 얻었다고 합니다.

1999년 5월부터 3년간 터키 이스탄불에서 중국 시안에 이르는

1만 2,000킬로미터를 도보로 여행하고 쓴 책은 프랑스에서만 40만 부 넘게 팔렸고, 전 세계 9개 국어로 번역되었다고 합니다. 우리나라에도 《나는 걷는다》라는 제목으로 출간되었습니다.

2년 전 방한했을 당시 그는 다음과 같은 인터뷰를 한 적이 있습니다.

"인세의 절반은 쇠이유에 주고, 절반은 세금으로 냈다. 나는 돈에는 관심이 없다. 돈으로 행복을 살 수 있다면 모르겠지만 행복을 파는 상점은 어디에도 없다."

*

그런데 그가 자신의 상처를 치유하고 청소년들을 교화하는 수단으로 왜 하필 걷기를 선택했을까요?

젊은 시절 기자로 무척이나 바쁘게 살았던 그는 은퇴 후 느리지만 더 생생한 삶을 찾고 싶어 걷기에 나섰다고 합니다.

기자 생활을 하는 동안 스무 차례나 마라톤을 완주했던 그는 퇴직 후 3개월에 걸쳐 프랑스 파리에서부터 스페인의 콘포스텔라에 이르는 2,300킬로미터를 도보로 여행하면서 걷기의 가치를 발견했다고 하네요.

베르나르는 이렇게 말합니다.

"걷기란 자신에 대한 성찰이다. 걸으면 자연스럽게 자신을 돌아보게 된다. 자신을 돌아보면 깨닫게 되고, 이러한 깨달음이 쌓여

인생을 설계하게 한다."

단지 다리를 움직여 걷는 행위 때문이 아니라 걷는 동안 일어나는 자신에 대한 성찰, 돌아봄에 걷기의 가치가 있는 겁니다.

그가 어린 재소자들에게 장시간 걷기를 경험하게 하는 것도 "신체와 정신을 균형 있게 발달시키는 데는 걷기가 최고"라고 믿었기 때문입니다.

쇠이유를 통해 아이들이 걷기를 할 때는 곁에 항상 멘토가 함께합니다.

낯선 어른이지만 석 달 내내 아이와 함께 지내면서 감시자가 아닌 보호자이자 동행자가 되어주는 것이죠.

*

재미있는 것은 쇠이유가 우리말로 '문턱' 혹은 '문지방'을 의미한다는 사실입니다.

문지방은 별로 높지 않지만 발이 걸려 넘어지기엔 충분히 높습니다.

아기들이 기어다니기 시작할 때 좌절을 겪기 쉬운 곳도 문지방이고, 걸음마를 떼고 자유를 만끽하던 아이들이 큰코다치는 곳도 문지방이지요.

쇠이유는 인생의 문턱에서 넘어진 아이에게 어른이 먼저 손을 내밀어 일으켜주고, 걷기를 통해 자신과 자신을 둘러싼 모든 것을 되돌아볼 기회를 주는 것입니다.

프랑스 비행 청소년의 재범률은 85퍼센트인 반면, 쇠이유 출신의 재범률은 15퍼센트에 불과하다고 합니다.

많은 아이들이 다시는 똑같은 실수를 반복하지 않을 수 있었던 것은 자신들의 상처를 보듬어준 사람들이 있었고, 스스로를 돌아볼 성찰의 기회를 얻었기 때문입니다.

손쉬운 처벌로 다스리기보다는 비록 시간이 걸리더라도 아이들의 공감 회로에 불이 켜질 때까지 인내심을 갖고 기다려준 어른들의 지혜 덕분이 아닐까요?

생각하는 대로 이루어지는
'플라세보 효과'

플라세보placebo는 진짜 약처럼 보이도록 만든 가짜 약을 말합니다. 진짜 약의 효과를 테스트할 때 대조용으로 사용하지요.

플라세보가 제 몫을 하려면 치료 효과가 전혀 없어야 하는데, 여러 실험 결과에 따르면 플라세보를 복용하고도 효과를 본 환자들이 적지 않습니다. 환자들이 진짜 약이라고 믿었기 때문이지요.

대체로 플라세보 효과는 약 35퍼센트 정도로 알려져 있습니다. 하지만 실제로는 질병의 종류와 실험의 성격, 심지어는 약을 처방하는 의사의 성격이나 태도에 따라 결과가 크게 달라질 수 있습니다.

낫고자 하는 환자의 의지와 반드시 나을 것이라는 환자 자신의 확신도 결과에 상당한 영향을 미칩니다.

연구에 따라 플라세보 효과가 최저 10퍼센트에서 최고 100퍼센트까지 큰 차이를 보였습니다. 병을 치료할 때 우리 마음속의 믿음이 그만큼 크게 작용한다는 사실을 확인할 수 있습니다.

만약 의사와 환자 모두 병이 반드시 치료될 거라 진심으로 믿으면 놀라운 결과를 얻을 수 있다는 얘기입니다. 우리가 흔히 기적이라고 말하는 것도 이런 경우를 두고 하는 말이겠지요. 특히 의사가 환자의 고통에 공감하고 따뜻하게 격려하며 정성껏 치료하는 태도를 보여준다면 그 효과는 극대화할 것입니다.

*

달라이 라마 스님도 '마음과 삶 회의'에서 나눈 서구 의사들과의 대화에서 불교 의학의 핵심이 무엇이냐는 질문에 다음과 같이 말합니다.

"첫째는 환자의 믿음, 둘째는 의사의 믿음 그리고 셋째는 의사와 환자 사이의 정신적 상호작용에서 오는 믿음이다."

달라이 라마 스님이 말한 3가지 믿음을 바탕으로 하는 '믿음의 치유'가 티베트 의학의 핵심인데, 현대의학에서는 이를 '심신의학'이라 합니다.

일부 의사들은 불교에 대한 지식 없이도 달라이 라마 스님이 제시한 3가지 믿음에 적극 공감하며 치료에 응용하고 있습니다.

그러나 일반적으로는 플라세보 효과를 처음부터 간과해버리는 경우가 훨씬 더 많습니다.

그러면서 똑같은 처방을 내렸는데도 환자마다 치료 효과가 다른 이유가 무엇인지 의아해합니다.

의사가 만약 환자에게 "병이 꼭 나을 것이라는 강력한 자기 확신이 매우 중요하다"고 일러주고, 더불어 "내가 의사로서 최선을 다해 성심껏 치료할 테니 믿고 이겨내라"고 격려한다면 치료 효과는 훨씬 커질 것입니다.

긍정적인 믿음을 가지면 신체에도 긍정적 영향이 뚜렷하게 나타날 것입니다.

＊
＊

이러한 심리적 위로 요법, 즉 플라세보 효과에 관여하는 뇌 기제brain mechanism를 밝히려는 연구가 활발하게 전개되고 있습니다.

1993년에 하버드대학교 코슬린Kosslyn 박사는 실제로 정보를 처리할 때와 상상으로 정보를 처리할 때 뇌의 기제가 같은지 여부를 확인하려고 했습니다.

그래서 먼저 문자가 적혀 있는 격자grid를 제시하고 피험자들이 그것을 쳐다보고 있는 동안 양전자 단층촬영PET으로 뇌의 어느 부위가 어떻게 활동하는지 살펴보았습니다.

이어서 같은 피험자에게 문자가 적혀 있지 않은 격자를 제시하고 앞서 보았던 것처럼 문자가 있다고 상상해보라고 요구했습니다.

그런 다음 마찬가지로 PET를 이용해 뇌의 움직임을 관찰했습니다.

그 결과 실제 문자가 적혀 있는 격자를 볼 때와 문자가 없는 격자를 보면서 문자가 있다고 상상할 때 뇌 활동 모습과 메커니즘이 동일했다고 합니다.

다시 말해서 실제로 볼 때나 마음으로 상상만 할 때나 뇌는 똑같이 반응한다는 겁니다.

가짜 약을 특효약이라고 믿고 먹으면 실제로 치료 효과를 볼 수 있다는 플라세보 효과를 뇌과학적으로 설명한 획기적인 발견입니다.

✳
✳

현대 심신의학의 창시자라고 부르는 하버드 의과대학 허버트 벤슨Herbert Benson 박사는 '플라세보 효과', 즉 '가짜 약 효과'라는 용어는 잘못된 표현이라고 지적합니다. 나을 것이라는 믿음에서 비롯된 치료 효과인 만큼 '상상에 의한 치료remember to wellness'라고 해야 한다는 거죠.

우리가 상상하기에 따라 건강이 좋아질 수도 있고, 마음 상태에 따라 몸 상태가 달라질 수 있는 만큼 '가짜 약'보다 '마음먹기'에 강조점을 둬야 한다는 의미로 볼 수 있습니다.

최근 들어 많은 연구자들이 이완반응 명상이나 마음챙김 명상과 같은 마음 훈련을 통해 스트레스 반응에 효과적으로 대처하고 각종 만성질환을 치료할 수 있다는 사실을 밝혀내고 있습니다.

이러한 과학적 근거에 힘입어 마음 훈련을 기초로 하는 심신의학이 보완대체의학 또는 통합의학의 핵심을 이루고 있습니다.

현대의학은 오랫동안 신체를 측정하고 치료하는 데 치우쳐 있었습니다.

그러나 마음에 병이 들면 몸에 문제가 생기고, 몸이 아프면 마음에도 병이 생긴다는 사실을 우리는 경험으로 잘 알고 있습니다.

몸의 병을 고치려면 마음부터 먼저 다스려야 한다는 조상들의 지혜가 절실히 와닿는 때입니다.

따뜻한 말 한마디,
사랑으로 암을 치유하다

요즘은 암 치료를 할 때 물리적·화학적 치료와 함께 심리 치료도 병행하는 게 흔한 일이지만 1990년대만 해도 드문 일이었습니다.

그런데 예일대학교 교수를 지낸 버니 시걸Bernie Siegel은 1980년대부터 다음과 같이 주장했습니다.

"사랑으로 암을 치유할 수 있다."

당시만 하더라도 파격적인 주장이었습니다.

그는 말로 그치지 않고 말기 암 환자 모임을 만들어 환자들이 암 진단으로 받은 충격과 절망감, 두려움과 불안감 등을 표출할 기회를 마련했습니다.

환자들의 심리를 치료하기 위해 긴장이완법이나 명상 그리고 시각화 기법(이미지 요법) 등을 활용하기도 했습니다.

이런 내용을 담아 1986년에 출간한 《사랑+의술=기적》이라는 책은 1980년대만 100만 부 넘게 팔렸습니다.

그러나 당시 상당수 의사들은 심리적 변화가 암 치료에 영향을 줄 수 있다는 그의 주장에 회의적이었습니다.

스탠퍼드 의과대학의 정신과 교수 데이비드 스피겔David Spiegel도 그중 한 명이었습니다.

그는 사랑이라든지 사회적 지지와 같은 심리적 개입이 암환자의 생존 기간을 연장시킬 수 있다는 시걸 교수의 견해가 잘못됐음을 논박하기 위해 직접 연구를 시작했습니다.

스피겔 교수는 유방암 환자들을 대상으로 실험에 착수하며 다음과 같이 말했습니다.

"불안, 우울 그리고 고통을 감소시키려고 하는 여러 심리적 치료 방법이 신체적인 질병인 유방암 치료에 별다른 영향을 미치지 않을 것이라는 점을 확인하려 한다."

이것이 연구의 궁극적 목적이었습니다.

*
*

스피겔 교수는 자신이 관리하는 유방암 환자들을 무작위로 두 집단으로 나누었습니다.

두 집단 모두 화학적 약물 치료, 외과적 수술, 방사선 치료 등 일반적인 병원 치료를 진행하되, 한 집단만 매주 한 번 단체 모임을 가지도록 했습니다.

　연구팀은 이 모임이 암 치료에 도움이 될 수 있다는 선입견을 갖지 않도록 각별히 신경쓰면서, 암 환자들이 90분 동안 한자리에 모여 자유롭게 이야기를 나누도록 했습니다.

　모임 참가자들은 망가진 몸매 고민에서부터 친구나 남편에 대한 서운함, 죽음에 대한 두려움 등 그동안 가슴에 쌓아두기만 하고 차마 하지 못했던 잡다한 이야기들을 거침없이 쏟아냈습니다.

　모두 비슷한 처지라 서로 귀 기울여 듣고 공감하며 눈물을 흘렸습니다.

　환자들은 금세 서로를 믿고 의지하기 시작했습니다.

　더군다나 이 모임을 이끄는 심리 치료사가 실제로 유방암에 걸렸던 경험이 있어 환자들의 고충을 누구보다 잘 이해했습니다. 그녀는 환자들의 마음속 응어리가 잘 풀릴 수 있도록 격려하고 용기를 북돋워주었지요.

　이 모임은 1년간 계속되었습니다. 참가자들은 시를 쓰고 그림도 그리는 등 취미 활동도 함께했습니다.

　그러는 동안 안타깝게 동료가 세상을 떠나면 모여서 문상도 함께 갔습니다.

　5년 후 최종 연구 결과를 확인한 스피겔 교수는 "결과가 너무 놀라워 의자에서 굴러떨어질 뻔했다"는 말을 남겼습니다.

　자신의 예상과 달리 모임을 가졌던 집단이 그렇지 않은 집단에 비해 2배 이상 오래 살았고, 재발하는 비율도 월등히 낮았기 때문입니다.

의학이나 과학에는 감정이 개입할 여지가 전혀 없다고 믿었던 스피겔 교수는 의학 분야의 최고 권위지인 〈랜싯〉에 연구 결과를 발표하면서 이런 표현을 썼습니다.

"이들은 서로 사랑하게 되었고, 서로를 아끼게 되었다."

스피겔 교수의 이 연구는 사랑 또는 사회적 지지라는 심리적 요인이 암 치료에 얼마나 중요하게 작용하는지를 여실히 확인시켜준 최초의 과학적인 연구로 평가받고 있습니다.

이후 가족이나 친구, 이웃 등과 돈독한 관계를 맺고 있는 사람들이 그렇지 않은 사람들보다 질병에 덜 걸린다는 연구 결과가 다수 보고되었습니다.

사랑과 공감을 나누는 사회적 지지 훈련이 유방암이나 악성 종양과 같은 심각한 질병 치유에 아주 효과적임을 과학적으로 증명한 연구들입니다.

질병 치유에 대한 새로운 패러다임을 열었다고 할 수 있습니다.

하버드대학교에 부는
'행복학' 바람

최근 하버드대학교에선 10년 넘게 '행복학' 강좌가 인기입니다. 교양학부 학생의 3분의 1이 이 강좌에 몰려든 적도 있다고 합니다.

그런데 이 '행복학'이란 것도 결국은 자신의 감정을 수용하고 표현하는 훈련의 중요성을 강조합니다.

먼저 자기 자신의 감정을 똑바로 알아차림 하고, 부정적인 기억을 털어버린 다음, 긍정적인 기억들로 채우는 겁니다.

우리 뇌는 긍정적인 기억보다 부정적인 기억을 더 많이 저장한다고 했습니다. 따라서 의식적으로 노력을 기울이지 않으면 뇌의 부정적인 경향성에서 벗어나기 어렵습니다.

괴로움의 싹이 보이면 뿌리째 뽑아내고, 그 자리에 긍정적인 경험을 애써 채워야 합니다.

**

　일상에서 일어나는 사소하지만 즐거운 일들을 적극적으로 찾아서 회상해봅니다.

　아이의 해맑은 얼굴, 갓 볶아낸 커피의 고소한 향, 감동적이었던 영화의 한 장면이나 책 속의 한 줄, 어려운 프로젝트를 마치고 났을 때의 성취감, 긴장을 풀기 위해 자연으로 떠났던 가족과의 짧은 휴가 등등.

　생각해보면 얼마나 많습니까? 그런 것들을 의식적으로 기억해내 즐기는 행위 자체가 마음 치유입니다.

　밝고 유쾌한 긍정적 기억을 더 많이 갖고 싶다면 순간순간의 즐거움을 찾아 음미할 줄 알아야 합니다.

　작은 즐거움이라도 무심코 지나치지 말고 주의를 기울여보세요.

　수많은 신경세포가 무슨 일인가 하고 신나게 춤을 출 것입니다.

　일상의 소소한 기쁨에 이렇듯 뇌가 적극적이고 반복적으로 반응하다보면 긍정의 뇌 회로가 만들어지는 겁니다.

　새로운 즐거움이 조금이라도 감지되면 과거의 비슷한 경험이 고속도로를 타고 모여들어 기쁨을 배가시키는 것이지요.

　좋은 기억들이 꼬리에 꼬리를 물고 이어지면 부정적인 기억이 지배하던 장기 기억창고로 밀고 들어갈 수 있습니다.

　즐겁고 행복한 일에 집중하면 세로토닌, 도파민, 옥시토신 같은 행복감이나 쾌감 같은 긍정적 감정을 일으키는 물질이 분비되어 우리 뇌는 행복한 뇌로 바뀌어갑니다.

유익하고 좋은 일을 적극적으로 받아들여 긍정 회로가 발달하면 비로소 긍정의 힘이 발휘됩니다.

그러다보면 스트레스를 대수롭지 않게 여기게 되고 자연스럽게 면역력이 높아집니다.

과거라면 짜증내고 남았을 일도 여유롭게 웃어넘길 수 있습니다.

어떤 상황에서도 쉽게 흥분하거나 당황하지 않는 배짱도 생깁니다.

'사람이 이럴 수도 있고 저럴 수도 있지.'

'일이 잘 될 수도 있고 안 될 수도 있지.'

이렇게 유연한 사고를 하게 됩니다.

자신과 생각이 다르면 긴장하고 경계하는 대신 생각의 지평을 넓힐 수 있게 됐다며 반가워합니다.

이것이 바로 긍정의 선순환입니다.

*
*

하버드대학교에서 행복학을 강의하는 탈 벤 샤하르Tal Ben Shahar는 어떤 일이 자신을 가장 행복하게 해줄지 판단하기 위해선 다음의 3가지 질문에 답할 수 있어야 한다고 말합니다.

첫 번째, 무엇이 나에게 의미를 주는가?

두 번째, 무엇이 나에게 즐거움을 주는가?

세 번째, 나에게 어떤 장점이 있는가?

즉 자신이 추구하는 의미와 즐거움에 부합하면서 자신이 가진 장점을 발휘할 수 있는 일을 찾아야 진정한 쾌감을 느낄 수 있다는 뜻입니다.

그저 재미있다고 아무 생각 없이 매달리면 삶이 피폐해집니다.

남들이 하니까 무작정 따라가다보면 자꾸 주변사람을 의식하게 되지요.

잘할 자신이 없는 일을 무턱대고 붙잡고 있어봐야 자괴감만 심해집니다.

행복하려면 먼저 나를 알아야 합니다.

내가 추구하는 삶의 의미를 알아야 하고, 무엇을 좋아하는지 애써 찾아봐야 합니다. 그리고 내 안에 숨겨진 장점을 발견해야 합니다.

이 3가지를 충족시키는 일이라면 지금 당장 도전해보아도 좋을 것입니다.

마음밭에 잡초를 뽑고
꽃씨를 심다

우리 머릿속은 언제나 이런저런 망상과 번뇌로 가득합니다.

대부분은 비난과 책망, 금기와 공포 등 마음을 어지럽히고 행동을 주저하게 만드는 부정적인 감정과 생각입니다.

그중엔 실수를 반복하지 않고 위험을 피하게 하는 이로운 것들도 있지만 대체로 실체가 없거나 과장된 것들이 많습니다. 공포나 두려움이 특히 그렇습니다. 기억이 왜곡된 탓입니다.

보통의 경험은 해마에서 인지하고 기억합니다.

하지만 기쁨과 슬픔, 공포 같은 강렬한 정서가 개입된 경험은 해마는 물론 편도체에서도 기억합니다.

해마는 사건의 구체적인 내용을 저장하고, 편도체는 감정을 촉발한 몇 가지 단서와 그 순간의 감정을 기억해둡니다.

그런데 장기 기억으로 넘어가지 않는 한 해마에 머물렀던 기억은 시간이 지나면 사라집니다. 반면 편도체에 저장된 감정은 비슷한 상황을 만나면 순식간에 되살아납니다.

높은 곳에서 떨어져 다친 적이 있는 사람은 아무리 튼튼한 안전장치가 있어도 높은 곳이라면 질색을 하지요. 우리가 흔히 '징크스'라고 하는 것들이 이런 기제를 통해 생기는 겁니다.

이때는 이성적으로 두려움을 다스리려고 해봤자 소용없습니다.

뇌에서 인지적 사고를 처리하는 경로는 감정을 처리하는 경로와 다르니까요.

공포나 두려움을 다스리는 가장 효과적인 방법은 처음 두려움을 갖게 만든 그 상황을 새롭게 경험하는 것입니다. 일종의 '덮어쓰기'지요. 원래 있던 기억을 새로운 기억으로 갈아끼우는 겁니다.

대인관계도 마찬가지입니다. 주위에서 아무리 말로 얘기해봤자 별 도움이 안 됩니다. 당사자가 부정적인 경험을 긍정적인 경험으로 덮어씌워야 합니다.

*
*

상처입은 마음을 먼저 들여다보고 몸에서 일어나는 미묘한 반응을 관찰하는 것은 마음밭에 뿌리내린 잡초를 골라내기 위한 첫번째 작업입니다. 잡초의 싹을 발견하면 억세고 무성하게 자라기 전에 뿌리째 뽑아내야 합니다.

상처 입은 마음을 들여다보고 몸에서 일어나는 미묘한 반응을 관찰하는 것 모두 마음밭에
뿌리 내린 잡초를 골라내기 위한 작업입니다. 억센 잡초들이 무성하도록 내버려두지 말고 과
장되고 왜곡된 감정을 골라내어 그 자리에 밝고 환한 꽃씨를 뿌리는 겁니다.

과장되고 왜곡된 감정을 골라내고 그 자리에 밝고 환한 꽃씨를 뿌리는 겁니다.

어린 시절의 상처가 성인이 된 뒤에도 영향을 미치고 있다는 사실을 알았다면 괴로움의 근원이 되는 뿌리를 송두리째 뽑아내야 합니다.

그리고 그 자리에 긍정적인 기억을 심어야 비로소 치유가 됩니다.

마음밭을 어지럽히는 잡초를 솎아내고 그 자리에 긍정의 꽃을 옮겨 심는 작업을 계속해야 합니다.

우리의 뇌는 부정적 회로를 활성화시키려는 경향이 강하다는 사실을 기억하세요.

의식적으로 노력하지 않으면 우리는 부정적이고 비관적이 되기 십상입니다.

긍정적인 뇌 회로를 만들려는 노력은 신경학적으로 보면 일종의 균형 잡기입니다. 내적 균형감을 회복하는 것이지요.

*
*

'지금 이 순간'에 느끼는 감각을 알아차림 하는 것이 부정적인 감정을 떨쳐내는 데 도움이 됩니다.

과거는 이미 지나간 일이고, 우리가 걱정하는 일들도 대부분 실제로 일어날 가능성이 극히 희박한 미래의 일입니다.

다 끝나버린 일을 다시 부풀려 일으키고, 일어나지도 않은 일을 미리 끌어다 염려하니 불안하고 두려울 수밖에요.

내가 상상으로 만들어놓은 공포의 감옥에 나를 스스로 가둔 꼴입니다. 실체가 없는 두려움이지요.

많은 일들이 막상 부딪쳐보면 막연히 걱정했던 것만큼 나를 힘들게 하지 않습니다. 대부분의 공포는 과장된 것이지요.

그러니 앉아서 괜한 근심에 끙끙 앓느니 한번 부닥쳐보세요.

어느 순간 나도 모르게 "별 거 아니네" 하는 말이 튀어나올 때가 있을 겁니다.

우리가 불행하고 우울한 까닭은 자기감정을 인정하지 않고 외면하고 감추어 진정한 자기 자신과 점점 멀어지기 때문입니다.

이제부터라도 그동안 꼭꼭 숨겨두어 자신도 미처 몰랐던 자기감정의 실체를 자유롭게 탐험해보시기 바랍니다.

자신의 감정을 관찰하는 훈련을 하면 어떤 감정이나 생각이 일어나 자기 기분과 행동을 좌우하려고 할 때, 그 감정이나 생각에 휩쓸리지 않고 거리를 유지하며 바라볼 수 있습니다.

이렇듯 객관적 관찰자 입장에서 자기감정이나 생각을 들여다보는 능력을 키우면, 어떤 상황에서도 감정적으로 섣부른 판단을 내리기보다 여유를 갖고 이성적으로 대처할 수 있습니다.

사사건건 예민하게 반응하는 일도 줄일 수 있습니다.

그러다보면 어느 순간 자신의 행동방식을 스스로 결정할 수 있는 힘이 생기고, 감정과 이성을 두루 살펴 균형잡힌 판단을 할 수 있게 됩니다.

　따라서 자신의 감정을 관찰하는 능력을 최대한 키워 궁극적으로 자기인식 능력을 높여가야만 합니다.

　이것은 사람으로 태어났다면 누구나 죽을 때까지 계속 풀어야 할 숙제입니다.

부정적 감정에서 벗어나게 하는
'마음챙김 명상'

자기비하나 자기혐오 같은 부정적인 감정을 없애는 가장 효과적인 방법은 마음챙김 명상입니다.

명상을 경험해본 적 없는 사람들에게 가만히 앉아 호흡을 지켜보라고 하면 온갖 잡념이 떠올라 집중이 잘 안 된다고 말합니다.

지극히 정상입니다. 다만 그 잡다한 생각에 끌려가지 않으면 됩니다.

생각과 일정한 거리를 두고 가만히 지켜보면 됩니다.

화, 분노, 불안, 억울함, 슬픔, 섭섭함 등 여러 감정을 일으키는 생각이 밀려듭니다.

'난 형편없어.'

이런 생각이 들 수도 있습니다.

전에는 이런 생각이 진실인양 휘둘렸겠지만 이제는 그저 잠깐 스치고 지나가는 생각일 뿐임을 알아차리면 됩니다.

거리를 두고 관찰자 입장을 유지하면 생각은 그저 생각일 뿐 더는 힘을 쓰지 못하고 흘러가버립니다.

다시 호흡에 마음을 모으면 그 생각은 지나가고 해방감을 맛보게 됩니다.

만성 통증이나 심장병처럼 심각한 문제를 가진 사람들도 그 문제가 즉시 사라지지 않는다 하더라도, 자신을 바라보는 방식에서 빠른 변화를 경험할 수 있습니다.

그러다보면 내적인 균형감이 훨씬 커지고 낮은 자존감은 얼마간 바로잡을 수 있습니다.

**

마음챙김 명상은 걸어가면서도 할 수 있고 누워서도 할 수 있지만 보통은 의자나 방석을 깔고 앉아서 합니다.

장소는 방해받지 않고 마음을 집중할 수 있는 곳이면 됩니다.

적당한 공간에 자리를 잡으면 척추를 똑바로 세우고 앉습니다.

마음이 이완되어 있으면서도 깨어 있도록 하기 위해서입니다.

정수리부터 바닥까지 척추를 타고 일직선으로 연결되도록 하세요.

서 있을 때나 걸을 때도 마찬가지입니다.

처음부터 잘하려고 너무 애쓰면 오히려 망상과 번뇌를 일으키기 쉽습니다.

말을 잘 다루려면 말고삐를 지나치게 조여서도 안 되고 너무 느슨하게 잡아서도 안 되는 것처럼 명상할 땐 마음을 어르고 달래야 합니다.

명상 시간은 하고 싶은 만큼만 하면 됩니다.

일반적으로 30분에서 1시간 정도 앉아서 명상을 하면 깊은 단계에 이를 수 있다고 합니다만, 시간이 질을 보장하는 것은 아닙니다.

명상에 익숙해지면 30분이나 1시간이 금세 지나가지만 처음 시도할 땐 5분 정도로 짧게 해보는 것도 괜찮습니다.

5분이건 30분이건 시간은 명상에 들어가기 전에 미리 정해놓고 시작하면 됩니다. 초심자라면 하다가 적당히 멈춰도 무관합니다.

*

호흡을 일종의 닻으로 사용해 마음속에 일어나는 변화를 알아차림 해보세요.

판단하거나 휩쓸리지 않고 바라만 보는 겁니다.

스쳐가는 생각에 휘둘리거나 흔들릴 것 같으면 다시 호흡에 집중합니다. 그래서 호흡이 닻입니다.

어떤 생각이 일어나지 않습니까?

어떤 느낌과 바람 그리고 어떤 상상과 기억이 불현듯 머릿속에 들어왔다가 말없이 사라지는지 살펴보십시오.

마음속에 일어나는 그것이 무엇이든 상관하지 말고 내버려두십시오.

붙잡으려하지도 말고 다투려하지도 말고 끌려가지도 마십시오.

그저 바라보고 내려놓으세요.

오직 열려 있고 깨어 있는 마음으로 호흡을 유지하면 평화로운 느낌이 더욱 커질 것입니다.

마음속에 나타나는 모든 것은 그저 스쳐지나가는 덧없는 것임을 알아차림 하십시오.

일시적으로 떠오른 어떤 상념에 붙들려 끌려갈 때 느낌이 어떻습니까?

그것에서 떨어져나와 떠나보낼 때의 느낌은 어떻습니까?

어떤 것에도 얽매이지 않을 때의 고요와 평화로움을 느껴보십시오.

명상은 자기가 원하는 순간에 마치면 됩니다.

이런 식으로 매일 아침, 저녁 3개월 정도 꾸준히 해보세요.

마음과 뇌에서 실질적인 변화가 생길 것입니다.

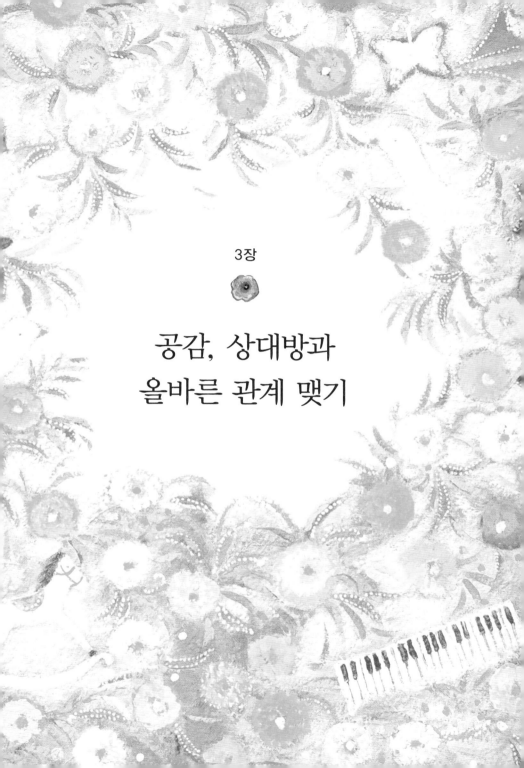

3장

공감, 상대방과
올바른 관계 맺기

털 고르기 통해
관계 맺기를 배우는 유인원처럼

사회성이 발달한 동물들은 털 고르기를 합니다. 특히 침팬지, 고릴라, 긴팔원숭이 같은 유인원은 하루 4시간 정도를 남의 털을 골라주는 데 쓴다고 합니다. 가려운 데를 긁어주고, 이도 잡아주고, 털 손질도 해줍니다.

4시간이면 하루의 6분의 1입니다. 꽤 긴 시간을 사회적인 활동에 투자하는 셈입니다. 그러니 사회성이 발달할 수밖에 없습니다.

재미있는 사실은 털 고르기를 하는 쪽, 그러니까 이도 잡아주고 긁어주기도 하는 쪽이 가만히 앉아 받는 쪽보다 스트레스가 덜 하다고 합니다.

쓰다듬어주고 보듬어주는 쪽, 사랑을 베푸는 쪽이 받는 쪽보다 더 행복감을 느낀다는 것이지요.

사회생활을 하다보면 밖에서 알게 모르게 스트레스를 많이 받습니다. 저도 사회생활을 경험했으니, 그 마음을 충분히 이해합니다.

하지만 우리는 지금까지 스트레스를 잘못 풀어왔습니다. 올라오는 짜증과 피곤함을 꾹 참고 누르다가 가까운 주변사람들에게 고스란히 전달해왔을 겁니다.

그렇다면 이제부터라도 퇴근해 집에 들어가면 어떻게 해야 할까요? 아내나 남편 혹은 부모님이나 자식들을 힘껏 안아주세요.

보통은 밖에서 고생했으니 집에서만큼은 왕처럼 대접받고 싶어하는데 그래봤자 실망만 커집니다. 지치고 힘들수록 먼저 안아주고 등도 긁어주세요.

집에 있는 사람도 스트레스 많이 받습니다.

그렇다고 "내가 당신 만나 이렇게 됐다"라며 타박하지는 마세요.

그럴수록 배우자를 안아주고, 따뜻한 말 한마디라도 더 건네주세요. 상대방이 예뻐서가 아니라 나 자신을 위해 그렇게 하는 겁니다.

먼저 털을 골라주는 유인원처럼 말입니다.

*
*

누군가를 아끼고 사랑할 때 행복해지는 사회성 발달이야말로 뇌 진화의 핵심입니다.

동물들을 한번 살펴볼까요? 거북이는 알을 낳기만 하고 돌보지 않습니다. 뱀도 마찬가지예요.

때 되면 새끼들이 알을 깨고 나와 제 살 길을 찾습니다. 부모자식 간에 애정도 없지요.

하지만 새들은 어떻습니까? 파충류보다 조금 낫습니다. 알을 낳아 품고, 새끼가 알에서 나오면 먹이를 물어다 부리에 쏙 넣어줍니다. 스스로 날 수 있을 때까지 천적으로부터 보호하는 것도 부모 새들의 몫입니다.

파충류나 조류보다 훨씬 진화했다고 하는 포유류는 새끼를 낳아 젖을 먹여 키웁니다. 젖을 먹이면서 끊임없이 쓰다듬고 돌봅니다. 그러면서 소통을 하고 자연스럽게 관계 맺는 법을 가르칩니다. 포유류에서 나타나는 가장 큰 특징이 자식을 돌보고 자기 무리끼리 의사소통하는 능력이 발달했다는 점입니다.

젖을 빨고 소통하면서 사랑받은 새끼들은 부모의 울타리를 벗어나서도 원만하게 관계를 맺고, 문제가 생기면 협상합니다.

사회성이 높은 동물일수록 두뇌피질이 발달합니다. 뇌 세포가 커지고 많아져 결국 뇌가 발달한다는 말이지요.

뇌 세포 중에서도 특히 방추세포가 사회성과 관계가 있습니다.

방추세포는 크고 뾰족하게 정사각뿔처럼 생겼는데, 주로 전방대상피질과 뇌도insula에 많이 있습니다.

뇌도는 조개껍질 모양을 하고 뇌 안쪽 고랑에 섬처럼 따로 자리

잡고 있다고 해서 뇌도 혹은 섬엽이라고 부릅니다. '인슐라$_{insula}$'는 라틴어로 '섬'을 뜻합니다.

뇌도는 다른 동물들과 마찬가지로 더위나 추위, 배고픔, 통증, 공포 같은 기본적인 감정을 처리하고, 인간의 경우엔 공감, 연민, 자각과 같은 사회적 감정까지 담당합니다.

공감이나 연민, 자각과 같은 사회적 감정은 모두 가장 진화한 고등동물에게서만 볼 수 있는 진화의 특징이지요.

상대의 아픔을 이해하는
거울신경세포

방추세포가 발달한 동물들은 상대방의 감정을 읽을 수 있습니다. 화가 난 것 같으면 달래주고, 슬퍼 보이면 위로할 줄 압니다.

공감이란 타인의 마음을 알아차리는 능력입니다. 친밀한 인간관계를 유지하기 위해서 반드시 필요한 덕목이지요.

비교적 최근에 알려진 신경세포 중에 '거울신경세포mirror neuron'라는 게 있습니다.

거울신경세포는 남의 행동을 보기만 해도 자신이 직접 행동할 때와 똑같이 활성화됩니다. 단지 상대의 동작을 보고 있는 것뿐인데도 거울 속에 비친 자신의 모습을 보는 듯 뇌세포가 반응하는 것이죠.

1990년대 이탈리아 파르마대학교의 신경심리학자 자코모 리촐

라티Giacomo Rizzolatti 교수가 이끄는 연구팀이 짧은꼬리원숭이를 이용한 실험에서 우연히 이 세포를 발견했습니다.

연구팀은 당초 뇌가 어떻게 운동 행위를 관장하는지 확인하고 싶었습니다.

그래서 원숭이 대뇌피질에 기록 장치를 연결하고 원숭이에게 다양한 행동을 유도했지요.

연구팀은 전두엽에 있는 운동 영역을 집중적으로 살폈습니다. 그러다 원숭이가 접시 위에 놓인 땅콩을 집으려 할 때 전두엽 가운데 앞쪽에 있는 전운동피질 부위가 활성화되는 모습을 관찰하게 되었습니다. 전운동피질은 운동을 계획하고 지휘하는 전두엽의 한 부위입니다.

그런데 진짜 놀라운 발견은 따로 있었습니다.

한 원숭이가 자기는 땅콩을 집지도 않고 다른 원숭이가 땅콩을 집으려는 모습을 보기만 했는데도 전운동피질의 신경세포가 활성화된 겁니다.

이 원숭이는 연구원이 아이스크림을 입으로 가져가는 모습을 보고도 똑같이 반응했습니다.

상대의 행동을 보고 마치 거울에 비친 자신의 행동을 본 것처럼 인식하고 반응한다고 해서 '거울신경세포'라는 이름이 붙었습니다.

뒤이어 눈으로 보지 않고 소리를 듣는 것만으로도 거울신경세포가 작동한다는 사실이 추가로 밝혀졌습니다.

＊

이후 여러 연구자들이 fMRI를 통해 사람에게도 거울신경세포가 있음을 확인했습니다.

원숭이는 운동을 담당하고 계획하는 부위에서만 발견되었지만 사람의 경우 전두엽과 정수리 뒤쪽 두정엽 그리고 뇌도 앞쪽에서도 거울신경세포가 발견되었습니다.

이들 세 곳에 존재하는 거울신경세포는 서로 신호를 주고받으며 정보를 처리하는 것으로 알려졌습니다.

그래서 공감이나 모방 심리는 거울신경세포 단독 작용이 아닌 거울신경세포가 체계를 이루어 작동한 결과라고 보기도 합니다.

유명한 신경과학자 빌라야누르 라마찬드란Vilayanur Ramachandran 박사는 사람의 거울신경세포 발견에 대해 "생물학에서 DNA를 발견한 것에 버금갈 정도로 심리학에서 중요한 발견이다"라고 강조합니다.

우리가 슬픈 영화를 보면서 눈물을 흘리고, 억울한 사연을 들으면 화가 나며, 끔찍한 사건 소식에 저절로 인상이 찌푸려지는 이유를 알게 해줬기 때문입니다.

라마찬드란 박사는 사람이 타인의 행동, 의도, 감정을 추측하고 모방할 수 있는 것은 거울신경세포가 있기 때문이며, 언어를 사용하고 고등 문명을 발전시킬 수 있었던 것도 거울신경세포가 원숭이보다 훨씬 더 발달한 덕분이라고 주장합니다.

앞서 살펴보았듯이 진화론자들은 유인원에서 사람으로 진화하는 데 보통 200~300만 년이 걸렸다고 추정합니다.

그 사이 인간의 뇌가 굉장히 발달했습니다. 특히 인지 및 지각 능력뿐만 아니라 공감 능력이 원숭이보다 탁월하게 진화했습니다.

이렇듯 인간의 뇌는 공감을 느끼게 하는 신경 구조가 두드러지게 발달했습니다.

타인의 감정을 읽고 판단하는 방추세포, 그 감정이나 행위, 심지어 의도에까지 동화되도록 하는 거울신경세포, 그밖에 전방대상피질, 뇌도, 감정을 지배하는 편도체를 포함한 변연계 등이 그물망처럼 엮여서 하나의 공감 회로가 되는 겁니다.

이 공감 회로가 막힘없이 원만하게 작동해야만 다른 사람의 아픔을 이해하고 공감하면서 적절한 반응을 보일 수 있습니다. 다시 말해 자기만 생각하는 이기적인 모습에서 더불어 함께 살아가는 이타적인 모습을 배우게 되는 것입니다.

**

그런데 요즘 공감이란 단어가 참 무색합니다. 대표적인 사례가 학교 내 '왕따 문제'입니다.

고통당하는 친구의 아픔을 이해하기는커녕 집단 폭력까지 서슴지 않습니다.

"왜 그랬냐"고 나무라면 "장난으로 그랬다"고 대답합니다.

다른 나라 사정도 별반 다르지 않아 보입니다.

얼마 전 미국에서 있었던 총기난사 사건 역시 범인의 특정 이데올로기가 아닌 타인에 대한 공감 능력 부족이 원인이라는 주장이 있습니다.

여기서 '이데올로기'는 반감이나 증오 같은 감정에 가져다 붙이는 그럴 듯한 변명에 불과하다는 겁니다.

결국 상대에 대한 공감 능력이 떨어지기 때문이라는 얘기죠.

인간은 타인의 감정을 직접 경험하지 않고도 이해하고 공감해 줄 수 있는 잠재력을 타고납니다. 그것을 공감 회로로 연결시키는 훈련이야 말로 진정한 교육이겠지요.

공감 회로는 곧 정서 회로이며, 이 부위가 잘 발달한 사람은 원만한 대인관계에 필요한 감성 지능이나 사회적 지능도 높을 것으로 짐작됩니다.

이것이 우리가 사회를 이루고 문화를 키워가는 중요한 기반이 되어줄 겁니다.

공감나무에서 꽃피는
연민과 자비심

　공감 중에서도 다른 사람의 고통을 접하고 함께 아파하는 감정은 연민이며, 그 사람을 고통으로부터 벗어나게 해주겠다는 적극적인 마음가짐은 자비라고 할 수 있습니다.

　이들 가운데 자비심이 작동하는 원리를 뇌과학적으로 설명해보면 다음과 같습니다.

　고통을 겪고 있는 대상으로 인해 먼저 뇌도가 연민의 감정을 느끼고, 전방대상피질이 공감한 후에 도와줘야겠다는 판단과 계획을 세웁니다. 그러면 소뇌는 구체적인 행동목록을 실행에 옮기도록 합니다.

　앞에서 살펴본 대로 뇌도는 생존에 필요한 감정과 함께 공감이나 연민 같은 사회적 감정을 처리하고, 전방대상피질 역시 공감에 관여합니다. 그리고 소뇌는 의식적인 신체 운동을 담당한다고 알려졌지요.

*
*

1990년대까지만 해도 과학자들은 수행승의 뇌가 일반인의 뇌와 다를 것이라고 짐작은 했지만 확인할 길이 없었습니다. 승려들이 수행에 방해가 된다며 실험 참여를 거부했기 때문입니다. 더군다나 자비심이나 연민 같은 고도의 정신 상태를 뇌파 검사 기구와 같은 기계적 장치로 측정할 수 있다는 주장에 회의적이었습니다.

그런데 2001년 이후 백 명이 넘는 승려들이 위스콘신 주 메디슨에 있는 리처드 데이비슨 박사의 연구실을 방문해 뇌파기록장치EEG와 fMRI 같은 신경과학적 장비를 사용하는 실험에 참여했습니다.

뇌 촬영 기술이 발달하기도 했지만, 마티외 리카르Matthieu Ricard와 달라이 라마 스님이 적극적으로 권유한 덕분이지요.

마티외 리카르는 1946년 프랑스에서 태어나 세포유전공학으로 박사 학위를 받은 전도유망한 과학자였습니다.

그런데 1972년 불쑥 네팔로 건너가 지금까지 40년 이상 4만여 시간에 달하는 명상 수행을 해왔습니다. 달라이 라마 스님의 불어 통역관으로 활동하면서 네팔과 히말라야의 멋진 풍광을 카메라로 찍어 전시하는 사진작가이기도 하지요.

국내에는 철학자인 아버지와 함께 쓴 《승려와 철학자》로 많이 알려졌고, 행복과 마음 수련의 연관성을 추적한 책들도 여러 권 썼습니다. 2012년에는 우리나라를 방문하여 여러 차례 특별 강연도 했지요.

'푸른 눈의 승려' 리카르는 달라이 라마 스님과 서구 과학자들을 연결시키는 데 크게 기여했습니다. 특히 승려들이 마음 수행을 할 때 뇌에 어떤 변화가 일어나는지 과학적으로 분석하는 연구에 적극적으로 협조했습니다.

리처드 데이비슨 박사가 수많은 승려들의 뇌를 연구할 수 있었던 것도 마티외 리카르가 승려들을 설득한 덕분입니다.

✲
✲

마티외 리카르는 2001년경 데이비슨 박사의 연구실에서 직접 실험에 참여했습니다. 데이비슨 박사는 마티외 리카르를 비롯한 수행승 8명의 뇌파를 측정했습니다.

모든 수행승은 짧게는 15년에서 길게는 40년까지 1만 시간 내지 5만 시간 이상 수행한 경험이 있었습니다.

이들과 비교하기 위해 명상 경험이 전혀 없는 학생 10명이 일주일 동안 명상 수련을 받고 실험에 참여했습니다.

수행승과 학생들은 256개의 전극이 있는 감지기를 부착하고 잠깐 동안 명상에 들어갔습니다.

데이비슨 박사는 실험이 시작되자 참가자들에게 다음과 같이 요청합니다.

"모든 살아 있는 생명체를 위해 무한대의 자비심을 베푸는 명상을 해주십시오."

그러자 놀랍게도 수행승들의 뇌파 검사에서 감마파가 무척 빠르게 움직이기 시작했습니다.

학생들도 명상 전에 비해 감마파가 좀더 활성화됐지만 수행승들과는 비교가 안 됐습니다.

데이비슨 박사는 "리카르를 포함한 수행승들이 명상하는 동안 나타난 감마파의 증폭 수준은 그동안 신경과학계에 보고된 사례 중 가장 높다"고 밝혔습니다.

이처럼 강력한 감마파는 명상 후 휴식시간까지도 유지되었습니다.

데이비슨 박사는 이것을 "장기간의 명상 수련이 뇌에 구체적인 흔적을 남긴 것이다"라고 해석했습니다.

*
*

그렇다면 과연 감마파가 두드러지게 나타났다는 것은 무슨 의미일까요?

뇌과학자들은 뇌가 신경 자원을 총동원해 작동할 때 감마파가 빠른 빈도로 활성화된다고 봅니다. 뇌 구석구석에 있는 모든 자원을 끌어다 총력을 기울일 때 나타나는 특징인 거죠.

또한 서로 떨어져 있는 여러 신경 회로를 연결시키고, 각기 다른 감각 정보를 통합적으로 활용해 무엇인가를 알아차림 할 때 드러나는 뇌파라고 합니다. 즉 무언가 불분명한 것을 보고 "아하!" 하고 알아차림 할 때 작동하는 뇌파인 거죠.

장기간의 명상 수행으로 뇌를 보다 폭넓고 유기적으로 사용할 수 있게 되었다고 볼 수 있습니다.

마티외 리카르는 실험에 참여했을 당시 자신이 느꼈던 바를 이렇게 전했습니다.

"고통받고 있는 중생을 도와주기 위해 모든 준비가 갖춰졌다는 느낌이 들었습니다. 완벽한 자비심과 빈틈없는 준비를 갖춘 듯한 느낌이었지요. 그래서 '좋아, 내가 나가서 고통받는 중생을 구해주어야지'라고 마음먹고 실천에 옮기려고 했습니다. 그제야 내가 fMRI 장치 안에 갇혀 있다는 사실을 깨달았지요."

마티외 리카르의 말을 뒷받침하듯 실험 결과는 정말 놀라웠습니다. 왼쪽 전전두피질은 만족감 또는 행복감 같은 긍정적인 정서일 때 활동 수치가 높아지는데, 자비 명상만으로 그의 왼쪽 전전두피질이 인간의 한계를 넘어설 정도로 활성화되었던 것입니다.

이후 그에게는 '세상에서 가장 행복한 사람'이라는 수식어가 붙게 되었습니다.

일반인들의 뇌는 불안, 긴장, 걱정 같은 부정적 감정이 우세한 반면 장기간 자비 명상을 해온 수행승들의 뇌는 행복과 만족감으로 가득 차 있다는 사실을 과학적으로 확인시킨 놀라운 결과였습니다.

이것은 분명 수행승들이 세상의 고통을 자신의 고통으로 여기고, 모든 생명체에 대한 자비심과 연민의 마음을 보냈기 때문일 것입니다.

*
*

그런데 재미있는 것은 수행승들이 자비 명상을 할 때 행동을 실천하고 계획하는 뇌 영역들도 동시에 활성화되었다는 점입니다.

고통스러운 처지에 있는 사람들을 떠올리고 공감하며 연민을 느끼는 데 그치지 않고 그들을 어떻게 구제할지 구체적으로 행동을 계획한 것이 뇌에 고스란히 반영됐다고 볼 수 있습니다.

이와 같은 뇌의 동조성은 fMRI 촬영에서 더욱 확실하게 드러났습니다.

자비 명상을 하는 동안 수행승들의 뇌에서는 뇌도와 미상핵의 활동이 두드러졌습니다. 뇌도와 미상핵은 연민, 사랑, 모성애 같은 따뜻한 마음을 관장한다고 알려진 부위입니다.

이와 함께 전전두피질과 변연계를 연결하는 신경 회로가 활성화되는 모습이 나타났습니다.

알다시피 전전두피질은 계획과 의도를 갖고 주의집중을 이끌어내는 곳이며, 변연계는 감정을 촉발하는 곳이지요.

이 두 곳을 연결하는 신경 회로가 활발히 움직인다는 것은 이성적으로 감정을 조절하는 한편 의도한 바를 열정적으로 밀어붙일 수 있도록 감정적으로 동기부여가 된다는 뜻입니다.

＊

베스트셀러 작가 대니얼 골먼이 강조한 '감성 지능'도 결국은 이와 같이 이성과 감성이 긴밀하게 상호작용한다는 것을 의미합니다.

사실 대니얼 골먼은 데이비슨의 절친한 친구입니다. 하버드 대학원 시절 두 사람은 인도와 스리랑카로 건너가서 몇 달씩 명상을 했고, 게리 슈워츠 교수 밑에서 함께 수학했지요.

데이비슨의 이와 같은 발견은 대니얼 골먼이 주장한 감성 지능을 신경과학적으로 지지해주는 것이었습니다.

마지막으로 발견한 사실은 수행 기간이 길수록 자비 명상으로 활성화되는 뇌 부위가 훨씬 광범위하게 나타난다는 사실이었습니다. 이것은 명상과 같은 마음 훈련을 통해 감성과 이성을 지배하는 뇌를 균형 있게 변화시킬 수 있다는 중요한 증거입니다.

만약 우리가 학교교육 장면에 명상을 도입한다면 바로 이런 온전하고 균형잡힌 뇌를 계발할 수 있을 것입니다.

그리고 실제로 그런 움직임이 교육계에 불고 있습니다.

공감 회로에
불을 켜다

"너무 오래 서 있으면 사람은 초조하고 짜증나게 마련이다. 이때 그 사람이 왜 짜증을 내는지 추론하지 말고 의자를 내주도록 하라."

'알랭Alain'이라는 필명으로 더 잘 알려진 프랑스 철학자 에밀 오귀스트 샤르티에Emile Auguste Chartier가 한 말입니다.

그는 불행한 사람에게는 저마다 아프게 하는 핀이 있으니 그 핀을 빼주는 것이 행복을 찾아주는 방법이라고 조언합니다.

그 핀이 왜 거기 꽂혀 있고, 누가 꽂았느냐 따질 게 아니라 먼저 핀을 뽑아주면 된다고 말합니다.

상대방이 불편하고 불행으로 여길 만한 요소가 있으면 그것을 제거하는 데 힘을 쏟는 연습을 해보는 겁니다.

"너무 오래 서 있으면 사람은 초조하고 짜증나게 마련이다. 이때 그 사람이 왜 짜증을 내는지 추론하지 말고 의자를 내주도록 하라." —에밀 오귀스트 샤르티에

*

다른 사람을 이해하는 공감 회로를 발달시킨다면 마음속 사나운 늑대는 점점 굶주리고, 착한 늑대는 포동포동하게 살이 찔 겁니다. 하지만 공감을 충분히 받지 못하고 자란 아이들은 마음속 착한 늑대를 키우는 법을 모릅니다. 친구를 괴롭히면서도 친구가 얼마나 상처받고 아플지 짐작하지 못합니다.

그러니 학교 폭력 같은 청소년 문제도 처벌만이 능사는 아니라고 생각합니다.

이럴 때는 먼저 아이들 마음속에 공감의 씨앗을 뿌리고 부실한 공감 회로를 보강해주는 게 급선무입니다. 즉 부모와의 안정된 애착관계를 토대로 공감의 범위를 넓혀가야 합니다.

'그 말을 들으면 친구가 슬프지 않을까?'

'연못에 돌을 던지면 물고기가 맞아서 아프지 않을까?'

'내가 혼자서 과자를 다 먹으면 동생은 속상하지 않을까?'

'밖에 있는 저 사람들은 얼마나 추울까?'

이렇게 수시로 다른 사람의 처지가 되어보고, 이웃에 관심을 갖도록 유도해야 합니다.

상대방의 어려움을 헤아리지 못하는데 어떻게 연민이 생기고 자비를 베풀 수 있겠습니까?

공감 회로를 활성화시키려면 먼저 상대방의 표정을 읽으려고 노력해야 합니다.

우리 뇌 속엔 거울신경세포가 있다고 했습니다.

거울신경세포가 반응하려면 먼저 상대방의 얼굴을 바라보거나 말을 들어주어야 합니다. 상대방의 얼굴을 들여다봐야 '화가 났구나', '놀랐구나', '슬프구나' 하고 감정을 읽어낼 수 있습니다.

이때 공감 회로가 작동합니다.

사람의 감정은 얼굴에서 가장 먼저 드러납니다.

캘리포니아대학교 명예교수인 심리학자 폴 에크먼Paul Ekman 박사에 따르면 뉴욕 맨해튼에서 활동하는 지식인이나 파푸아뉴기니에 사는 원주민이나 얼굴 표정에서 읽어내는 감정은 똑같다고 합니다.

즉 미국인의 여러 표정을 담은 사진을 보여주었을 때 슬프다거나 결의에 차 있다거나 하는 감정을 판단하는 건 뉴욕에 사는 사람이나 남태평양에 사는 사람이나 똑같다는 겁니다.

오랫동안 범죄 용의자의 심리를 분석하고, 수사기관에 자문을 해온 에크먼 박사는 사람 표정만으로도 거짓말을 일삼는 사람을 가려낼 수 있다고 합니다.

그만큼 얼굴 표정은 감정을 숨기기 어렵습니다.

그러니 거울로 자기 얼굴만 들여다보지 말고 옆에 있는 사람들의 얼굴도 바라보는 연습을 해보세요.

조금만 주의를 기울이면 상대방의 기분을 알 수 있을 겁니다.

눈을 마음의 창이라고 하지요. 내가 한 말에 상대방 눈빛이 어떻게 달라지는지 가만히 들여다보세요.

따뜻한 말을 건넸을 때와 상처 주는 말을 내뱉었을 때 상대방 눈빛은 확실히 다를 겁니다.

그 차이와 변화를 알아채기 시작하면 뇌가 조금씩 바뀝니다.

상대방 기분 같은 건 신경쓰지 않고 제멋대로 행동하라고 지시하던 변연계에 브레이크가 걸립니다.

전전두피질, 전방대상피질 등에서 그렇게 함부로 행동하면 안 된다고 제어하고 나섭니다.

불 꺼졌던 공감 회로에 불이 들어오기 시작합니다.

뇌에 새로운 길을 만든다, 뇌를 훈련시킨다고 생각하고 자꾸 상대방의 얼굴을 바라보고 감정을 읽어보세요.

봄에 내리는 이슬비가 처음엔 작은 물꼬를 적시지만, 그러다 깊은 여울을 만들고, 강을 이뤄 그랜드캐니언까지 조각하지 않습니까.

우리도 작지만 애정 어린 노력으로 시작하여 점차 뇌를 바꿀 수 있습니다.

그렇게 이해하고 공감하며 수용하다보면 절대 풀릴 것 같지 않던 오랜 갈등의 매듭도 어느 순간 스르르 풀리게 됩니다.

그때 비로소 메마른 삶이 윤기 있게 바뀌기 시작합니다.

당당한 자기주장,
나약한 내면을 위한 심리 훈련

'자기주장Self-assertion'이라는 말을 심리학에선 자주 사용합니다.

심리적으로 나약한 사람들에게 자기주장 훈련을 시키지요.

자기주장을 너무 안 하고 순종적이기만 한 태도도 문제지만, 강압적인 태도도 결코 바람직하지 않습니다. 강압적인 태도 역시 마음속에 억눌림이 있다는 뜻일 테니까요.

자기주장을 잘 하려면 자기 내면에 있는 아름다운 성품을 끌어내 당당하고 효과적으로 소통할 수 있어야 합니다.

남에게 베풀려는 따뜻한 미덕과 소통의 결합이 바로 자기주장의 핵심입니다.

미덕은 남이 어떻게 평가하고 얼마만큼 되돌려줄 것인지 전혀 고려하지 않고 자신이 옳다고 생각하는 기준선을 실천하는 것을 말합니다.

자기주장은 이와 같은 미덕의 기준에 맞춰 자신의 진심을 표현하는 것입니다.

보통 자기주장을 해보라고 하면 다음과 같이 말합니다.

"네가 먼저 잘해 봐라. 그러면 나도 잘해줄게."

이건 자기주장이 아닙니다. 이 방식은 내 행동을 내 의지가 아닌 상대방 의지에 맡기는 것이니까요.

반대로 상대방이 내게 어떻게 하느냐와 상관없이 자신이 옳다고 믿는 대로 기준선을 실천한다면 마음에 거리낌이 없어집니다.

남의 눈치를 살피거나 휘둘릴 일도 없어지지요.

자기만의 기준이 세워지면 마음에 평화가 찾아옵니다.

전전두피질의 좋은 의도와 전방대상피질의 따뜻하고 강렬한 힘이 더해져 흔들리지 않고 뜻한 대로 행동하도록 이끌어주고 밀어주는 거지요.

*
*

그러면 자신만의 미덕의 기준은 어떻게 세워야 할까요?

기본적으로 미덕이라고 하면 선한 마음에서 우러난 진실한 말, 이롭고 적절한 말, 악의 없고 가혹하지 않은 말 그리고 꼭 필요한 말을 의미합니다.

이것을 불교에서는 정어正語라고 하는데, 자기주장의 토대가 된다고 할 수 있습니다.

그 외에는 스스로 원칙을 정해 선택해야 합니다.

너무 막연하다면 신경심리학자인 릭 핸슨Rick Hanson 박사의 도움을 받아보겠습니다.

릭 핸슨 박사가 쓴 《붓다 브레인》에는 자기주장에 필요한 개인적 원칙으로 다음의 7가지 예를 제시하고 있습니다.

첫째, 더 듣고, 덜 말하기

둘째, 다른 사람에게 소리 지르거나 위협하지 않기

셋째, 매일 아내 또는 남편에게 오늘 하루 어땠는지 물어보는 질문 3가지 연달아하기

넷째, 매일 저녁 가족과 함께 식사하기

다섯째, 내게 필요한 것들 얘기하기

여섯째, 애정을 가지기

일곱째, 약속 지키기

이런 식으로 해야 할 일과 하지 말아야 할 일의 목록을 만들어보세요.

저는 개인적으로 많이 듣고 적게 말하자는 첫 번째 원칙에 아주 공감합니다. 대화의 원칙으로 더없이 훌륭합니다.

적게 말하고 많이 듣기는 상담의 원칙이기도 합니다.

보통 상담이라고 하면 내담자가 혼자 해결할 수 없는 문제가 있을 때 해법을 들으려고 상담자를 찾아가는 거라고 생각합니다.

하지만 실상 상담의 핵심은 내담자의 말을 경청하는 데 있습니다.

잘 듣고 공감해주기만 해도 마음의 병이 대부분 치료됩니다.

요즘은 특히 더 그렇습니다.

다들 자기 얘기하느라 바쁘지 들어주는 사람이 별로 없습니다.

모순되게 들리겠지만 '잘 들어주는 것'이 효과적인 자기주장의 지름길입니다.

사람은 누구나 자기가 하는 말에 귀 기울여줄 때 가장 존중받는다고 느끼기 때문입니다.

인간관계의 대가 데일 카네기Dale Carnegie도 가장 말 잘하는 사람이 되는 비결로 '경청하기'를 꼽습니다.

상대방이 하고 싶은 얘기를 다 하도록 경청해주면 아무런 얘기를 안 해도 상대방이 마음의 문을 활짝 열기 때문입니다.

상대방이 내게 호감을 보이는 상태에서 하는 얘기와 들을 준비가 전혀 안 된 사람에게 퍼붓는 얘기는 전혀 다르게 받아들여질 수밖에 없다는 사실을 잘 기억하세요.

역행간섭 효과,
뇌는 칭찬보다 비판을 5배 더 잘 기억한다

의사소통할 때 잘 들어주기에 덧붙여 주의해야 할 점은 오해 없이 진심 전달하기입니다.

그런데 이게 생각처럼 쉽지 않습니다.

"내 말은 그런 뜻이 아니라……."

아무리 해명을 해도 이미 엎질러진 물은 주워 담기가 어렵습니다. 뇌가 가진 부정적 경향성 때문입니다.

우리 뇌는 긍정적인 기억보다 부정적인 기억을 최소 5배가량 더 많이 저장한다고 합니다.

내내 잘 지내다가 말 한마디 잘못해서 상대방이 상처를 입으면 적어도 5배 이상 잘해줘야 겨우 원점으로 돌아갈 수 있다는 뜻입니다.

따라서 아무리 좋은 의도를 가졌더라도 자기 생각을 말할 땐 무작정 쏟아내지 말고 어조나 말투에 신경을 써야 합니다.

특히 아이들에게 잔소리할 때 조심해야 합니다.

부모는 자식에게 약이 되라는 의도에서 한 말인데 오히려 독이 될 수도 있습니다.

혹시 이렇게 말하는 것 어떤가요?

"이번 시험 앞두고 네가 일찍부터 공부 열심히 한 것 엄마도 알아. 그런데 막판에 좀 흐트러져서 정리를 잘 못했잖아. 다음번엔 끝까지 노력해보자."

아이의 사정을 잘 이해하고 있습니다.

일방적으로 다그치거나 나무라지 않고 아이가 잘 한 점을 먼저 말해서 기분을 잘 맞춰주고 있습니다. 좋은 의도를 갖고 노력을 많이 한 경우입니다.

그러나 안타깝지만 의도하거나 노력한 만큼 효과를 볼지는 미지수입니다.

부모로선 잘한 점들을 충분히 인정하고 고칠 점을 덧붙였다고 생각하지만 아이는 전혀 다르게 받아들입니다.

자신이 애쓴 건 알아주지도 않고 잘못한 점만 지적한다고 서운해합니다.

'역행간섭retroactive interference' 때문입니다.

우리 뇌는 부정적인 정보가 들어오면 예민해집니다. 순간적으로 부정적인 정보가 맞는지 따져보고 어떻게 반응해야 할지에 뇌의 역량이 집중됩니다. 신경이 곤두서는 겁니다.

그러니 전에 들은 좋은 얘기들은 기억하기 어렵습니다.

칭찬은 까맣게 잊어버리고 지적받은 것만 기억합니다.

뒤에 들어온 정보가 앞서 들어온 정보의 기억을 방해한다고 해서 이를 역행간섭이라고 합니다.

*
*

살면서 부정적인 얘기를 안 할 수는 없습니다.

가정, 학교, 직장에서 애정 어린 잔소리를 해야 할 때가 분명 있습니다.

그럴 때 흔히 좋은 말들로 상대방 기분을 좋게 한 다음에 본론으로 들어가야 한다고 생각하는데 그렇지 않습니다.

먼저 짧게 지적한 다음, 칭찬을 하는 편이 비판과 격려를 동시에 할 수 있는 효과적인 방법입니다.

부정적인 평가를 들으면 우리 뇌는 전면적인 경계태세에 들어가 그 뒤에 들어오는 정보에 집중합니다.

부정적인 평가 이전에 들어온 정보는 잊어버리는 대신 부정적인 평가를 들은 뒤에 들어오는 정보는 예리하게 주시합니다.

실제로 부정적인 의견을 듣고 난 직후엔 기억력이 향상됩니다.

역행간섭과 반대로 '순행증강proactive enhancement'이 일어나는 겁니다.

이제 앞에 했던 말을 효과적으로 바꿔볼까요?

"시험 막판까지 집중력을 이어가지 못한 건 아쉬운 점이야. 하지만 네가 다른 때보다 일찍부터 열심히 준비했다는 걸 엄마도 잘알아. 그래서 대견하게 생각해. 다음번 시험엔 분명 마지막까지 집중해서 좋은 결과를 얻을 거라고 믿어."

이런 식으로 가벼운 비판을 먼저 하고 칭찬으로 넘어가면, 비판을 듣고 순간 긴장했던 뇌가 뒤이어 들어오는 칭찬에 긴장을 누그러뜨리고 비판도 격려의 일부로 인식하게 됩니다.

상대방에 적대감을 갖기보다 호감을 갖고 더 잘해야겠다고 긍정적으로 생각하게 되지요.

이런 대화의 기술은 어른들에게도 마찬가지입니다.

짧은 비판으로 정신이 들게 한 후 좀더 길고 구체적인 칭찬으로 마무리해야 합니다.

긍정적인 동기를 강화해 실질적인 행동 변화를 이끌어내는 데훨씬 효과적입니다.

그렇다고 얼굴을 보자마자 대놓고 비판부터 하라는 얘기는 아닙니다.

심리학자 존 가트맨은 타인의 감정을 상하게 할 수도 있는 내용으로 대화를 할 때는 무엇보다 유연한 태도가 중요하다고 강조합니다.

상대가 아무런 마음의 준비가 안 된 상태에서 불쑥 부정적인 이야기를 쏟아낼 경우 잠자는 사자의 코털을 건드렸을 때처럼 격한 거부 반응을 일으킬 수 있기 때문입니다.

이럴 때는 상대방의 감정을 헤아려 칭찬으로 대화의 문을 열고, 개선해야 할 점을 지적한 다음, 더 길고 구체적인 칭찬과 격려로 대화를 마무리해야 합니다.

가트맨 박사는 가족심리 치료 분야의 권위자입니다.

오랫동안 수많은 부부를 관찰하고 연구한 그는 살면서 싸우지 않는 부부는 없지만 이혼을 하고 안 하고는 평소 대화 방식에 달렸다고 말합니다.

끝내 이혼하고 마는 부부는 결혼생활 내내 상대방을 공격하고 비난하는 방식으로 대화를 한다는 겁니다.

*
*

가트맨 박사는 위기의 부부 혹은 이혼한 부부의 대화 방식을 '비난-방어-경멸-담쌓기'로 정리했습니다.

상대방이 "당신은 어떻게 된 사람이……" 하고 비난조로 나오는데 침착하게 반응할 사람이 몇이나 되겠습니까.

대체로 "당신은 뭘 잘했는데? 왜 나만 갖고 그래?" 하고 방패를 꺼내듭니다.

그러면 애초에 하려던 말은 싹 잊어버리고 "분수도 모르는 주제에……", "꼴에 입은 살아가지고……"라며 상대방의 방어적 태도를 경멸합니다.

그 다음은 불 보듯 훤합니다.

언성이 높아지고 심해지면 집안 살림을 집어 던지게 되고, 결국에는 아예 대화를 거부해버립니다.

"또 시작이냐? 지겹다, 지겨워!", "당신이랑은 말을 말아야지"

하며 담을 쌓아버리는 거죠.

얼마 전 수십 년 동안 각방 생활을 하고 메모지에 일방적으로 자기 의견을 밝히며 살아온 부부가 끝내 황혼 이혼을 했다는 보도가 있었습니다.

상대방과 마주치는 것조차 피하려고 하는 극단의 담쌓기는 관계를 회복하기가 어렵습니다.

주변 사람들과 좋은 관계를 맺고 원만한 의사소통을 하기 위해서는 효과적인 대화 훈련이 필요합니다.

미국의 임상심리학자 마셜 로젠버그Marshall B. Rosenberg 박사가 제시한 '비폭력 대화법'을 소개해드리겠습니다.

최근 교사 연수나 리더십 프로그램 등에도 널리 활용되고 있으니 참고하면 도움이 될 겁니다.

첫째, 어떤 일에 대해 이야기할 때는 사실만 묘사합니다.

자신의 감정이나 판단을 담은 형용사나 부사는 제외하고 일어난 사실만을 얘기하는 겁니다.

둘째, 그 일에 대해 자신이 느낀 바를 부드럽게 표현합니다.

자신의 판단이 아니라 자신의 내면 깊숙한 곳에서 감지된 정서를 말하는 것입니다.

셋째, 그렇게 느끼게 한 자신의 욕구를 밝히고 바라는 점을 이야기합니다.

명령이나 강요가 아니라 부탁을 하는 겁니다.

남편이 전화도 없이 새벽 2시가 되어서야 들어왔습니다.

무슨 일이 생긴 건 아닐까 별의별 생각을 다 하며 불안감에 휩싸였던 아내는 술에 잔뜩 취해 들어온 남편의 얼굴을 보니 화가 치밀어오릅니다.

"아니, 전화도 없이 이렇게 늦게 들어오면 어떻게 해? 무슨 사고라도 난 줄 알았잖아. 전화는 왜 안한 거야? 받지도 않을 거면서 뭐 하러 가지고 다녀? 집에서 기다리는 사람 잠 못 자고 걱정하니까 다시는 이러지 마."

비교적 화를 억누르며 말했다고 생각할 수 있지만 남편은 이미 말로 몇 대 맞은 거나 다름없습니다. 남편에게 어떤 사정이 있었을지 조금도 헤아리지 않고 일방적으로 공격을 퍼부어댔으니까요.

그렇다면 비폭력 대화법을 활용한다면 어떻게 바꿔볼 수 있을까요?

"전화도 없이 새벽 2시에 들어오니까 얼마나 불안했는지 몰라. 늦을 땐 전화나 문자로 미리 연락을 주면 좋겠어. 부탁할게."

비폭력 대화법은 자신의 감정을 객관적으로 들여다보고 상대방에게 상처를 주지 않도록 하는 것입니다.

우리 모두의 마음속에 기본적으로 갖고 있는 연민을 우러나게 하는 게 핵심입니다.

효과적인 대화를 위해선 케케묵은 과거나 답답한 현재보다는 미래에 초점을 두는 게 좋습니다.

현재 눈앞에 어떤 문제가 닥쳤을 땐 과거는 접어두고 지금 당면한 문제에서부터 시작해 미래지향적으로 대화를 이끌어가야 합니다.

대부분의 다툼은 과거에 벌어진 일에 대한 해석 차이에서 비롯됩니다. 그러나 미래는 열려 있는 것이니 긍정적이고 이상적인 대화를 나눌 수 있습니다.

마지막으로 상대방을 내가 원하는 대로 바꾸려고 하지 말고 자신의 진심을 전달하는 것으로 만족해야 합니다.

"왜 자꾸 당신 생각을 내게 강요해?"

"당신이 뭔데 나한테 이래라 저래라 하는 거야?"

보통 싸움이 나는 것은 남을 설득하고 강제로 변화시키려고 하기 때문입니다.

다른 사람이 나를 바꿀 수 없는 것처럼 나도 다른 사람을 통제할 수 없습니다.

안 되는 걸 되게 하려고 고집하면 다툼이 생깁니다.

하지만 내가 마음먹으면 나는 바뀔 수 있습니다.

상대방은 본래 저런 사람이다 인정하고, 내가 태도를 바꾸면 갈

등은 쉽게 사라집니다.

상대방이 어떤 문제를 제기했을 때 수긍할 점이 있으면 기꺼이 받아들이고 개선하면 됩니다.

시간이 약입니다. 안달하지 않아도 진실은 드러나게 마련입니다.

내가 먼저 진솔하게 대하면 상대방도 차츰 나를 이해하게 되고 좋은 관계로 변화될 것입니다.

＊＊

원인 제공은 저 사람이 했는데, 내가 노력해야 한다니 이상한 생각이 드나요?

저 사람은 변하지 않는데 내가 먼저 바뀌어야 한다니 억울한 생각이 드나요?

부정적인 감정은 나 자신에게 가장 불리하게 작용합니다.

사람을 상대하다 보면 고의로든 실수로든 상처를 받을 수 있습니다.

길 가다 넘어져 무릎이 깨졌다고 생각해보세요.

스스로 여러 개 화살을 더 쏘지 않는다면 상처는 금세 아물 것입니다.

뇌 속 작은 영화관에 미움과 증오의 영상을 띄워 긁어 부스럼 만들지 않는다면 고통은 이내 사라질 것입니다.

그러니 너그러움과 인내심을 가지고 마음의 평정을 먼저 이루려

불필요한 언쟁이나 시비에 휘말릴 것 같으면 먼저 심호흡을 하고 마음속으로 다음과 같이 되뇌어보세요.
'나는 목격자일 뿐, 저 바람에 휩쓸리지 않는다. 옳다 그르다 판단하지 않고 그저 지켜볼 뿐이다.'

고 노력해보세요. 이것이 나를 위하고 모두를 위하는 가장 좋은 방법입니다.

불필요한 언쟁이나 시비에 휘말릴 것 같으면 먼저 심호흡을 하고 마음속으로 다음과 같이 되뇌어보세요.

'나는 목격자일 뿐, 저 바람에 휩쓸리지 않는다. 옳다, 그르다 판단하지 않고 그저 지켜볼 뿐이다.'

'저 사람은 저 곳에 있고, 나는 여기 있다. 저 사람의 마음은 저 사람의 마음일 뿐, 내 마음과는 별개다.'

그러면서 자기감정을 들여다보세요.

생겼다 사라지는 이런 저런 생각에 개입하지 말고 그저 바라만 볼 뿐입니다.

관계를 망치는
'인지적 구두쇠'

우리의 뇌 용량에는 한계가 있습니다. 그런데 세상은 점점 더 많은 정보를 쏟아냅니다.

정보의 홍수에서 살아남기 위해 우리가 할 수 있는 방법은 생각을 단순화하거나 정보를 선택적으로 받아들이는 것입니다.

이러한 경향을 가리켜 심리학에서는 '인지적 구두쇠'라고 합니다.

새로운 사실이나 정보에 시간과 에너지를 투자하기보다 이미 알고 있는 정보와 비슷한 것만 선택하는 수동적인 태도를 가리킵니다.

더군다나 사람들은 자신이 알고 있는 것이 틀렸다고 지적받는 것을 싫어합니다.

따라서 한번 굳어진 생각을 쉽게 바꾸지 않습니다. 편견이 강화되는 이유이기도 합니다.

"증오심은 미워한다고 없어지지 않고 오직 사랑으로만 없앨 수 있다. 이건 불멸의 법칙이다." -《법구경》

인지적 과부하를 피하기 위한 생존 방식입니다만 이런 태도가 결국 고정관념을 고착화시키고 편견을 싹트게 합니다.

그러니 섣불리 판단을 내리거나 미루어 짐작하지 않으려고 의식적으로 노력해야 합니다.

그러지 않으면 우리 뇌는 손쉽게 하나를 보고 열을 알려고 하고, 겉만 보고 속까지 평가하려고 듭니다.

이러한 뇌의 습관은 다른 사람과 관계 맺을 때 특히 주의해야 합니다.

*
*

편견을 해소할 유일한 방법은 상대에 대한 이해입니다. 편견을 배제하고 먼저 그 사람의 의도가 무엇이었을까 생각해보세요.

'그 사람은 왜 그렇게 행동했을까?'

'악의가 있었던 걸까?'

'저 사람의 어떤 형편과 처지 때문에 그랬을까?'

무조건 비난하고 비판하기 전에 이런 식으로 상대방을 이해하려고 노력하다보면 받아들이고 용서할 여지가 생깁니다.

앞뒤 재지 않고 무작정 몰아세울 때는 전혀 보이지 않던 부분이 비로소 보이게 됩니다.

물론 아무리 노력해도 이해가 안 되는 부분도 있을 수 있습니다.

특히 부당한 대우를 받았을 때의 억울함과 분노는 쉽게 가라앉지 않습니다.

그러나 증오는 관계를 악화시켜 회복을 불가능하게 할 뿐입니다.

"증오심은 미워한다고 없어지지 않고 오직 사랑으로만 없앨 수 있다. 이건 불멸의 법칙이다."

《법구경》에 나오는 말입니다.

화를 정복할 수 있는 것은 증오가 아닙니다. 오직 사랑과 이해만이 화를 이길 수 있습니다.

부당한 대우를 받아 억울하고 화가 날 때는 가슴에 손을 얹어 자신을 따뜻하게 위로해주세요.

때로는 자기 연민과 자기 위로도 필요합니다.

마구 치고 올라오는 수많은 감정을 그냥 살펴보세요.

휩쓸리거나 사로잡히지 말고 그냥 나타났다 사라지게 지켜보세요.

시간이 걸리겠지만 마음속 소용돌이가 잠잠해지면서 앙금도 가라앉을 것입니다.

화를 키우고 미워해보았자 나 자신만 괴롭고 시달릴 뿐입니다.

감정에 치우친 상대방에게 옳고 그름을 따지거나 가르치려고 하지 마세요.

가만히 있어도 상대방은 제풀에 꺾이고 말 것입니다.

물거품 같은 감정에 휘말려 따지고 가르치며 길들이려고 해봤자 아무 소용없습니다.

모든 감정은 올 때와 마찬가지로 그렇게 조용히 사라질 겁니다.

우분트,
"당신이 있기에 내가 있다"

넬슨 만델라Nelson Mandela 전 남아프리카공화국 대통령이 2013년 12월 5일 세상을 떴습니다.

세계 각지에서 추모 물결이 일고 그의 삶이 재조명 받았습니다.

만델라 대통령을 생각하면 어떤 단어가 떠오르나요?

저는 '용서'라는 말이 가장 먼저 떠오릅니다.

아파르트헤이트(인종차별정책) 저항운동에 나섰다가 27년을 감옥에서 보내고 나와 대통령에 당선된 그는 대통령 취임식날 귀빈석에 아주 특별한 사람을 초청했습니다.

그 자리에 앉은 인물은 다름 아닌 만델라 대통령이 수감 생활할 당시 그의 일거수일투족을 감시해 보고했던 간수였습니다.

만델라 대통령은 그 간수가 원수같이 미울 때도 있었지만 사랑하기로 마음을 바꾸니 그렇게 행복할 수 없었다고 합니다.

핍박받던 흑인이 대통령이 되었으니 백인들은 처절한 보복을 두려워했을 겁니다.

하지만 만델라 대통령은 '진실과 화해 위원회'를 조직해 화해의 역사를 써내려갔습니다.

남아프리카에서는 300여 년 동안 10퍼센트 남짓한 백인이 나머지 유색인종을 가혹하게 탄압했습니다. 복수심에 불타는 흑인들을 향해 만델라 대통령은 "용서하되 잊지 말자"라고 말했습니다.

1984년 노벨평화상을 받은 데스먼드 투투Desmond Tutu 성공회 주교도 "용서 없이 미래 없다"라며 만델라 대통령을 지지하고 '진실과 화해 위원회'를 이끌었습니다.

'진실과 화해 위원회'는 남아프리카공화국에서 발생한 각종 인권 유린과 정치 폭력을 2년에 걸쳐 조사했습니다.

하지만 모든 조사의 궁극적인 목적은 처벌이 아니라 진실 규명을 통한 용서와 화해였습니다.

만델라 대통령이 감옥에서 간수의 감시를 받을 때 증오심을 불태우고 대통령이 된 후 최고 권력에 기대 복수의 칼날을 휘둘렀다면 남아프리카공화국의 비극은 지금도 끝나지 않았을 것입니다.

지금 이 순간 우리가 만델라 대통령의 죽음을 애도하며 그의 온화한 미소를 기억할 일도 없겠지요.

평화주의자였던 만델라 대통령은 더불어 함께하는 삶을 중요하게 생각했습니다.

그가 자주 했던 말 중에 "우분트UBUNTU"라는 단어가 있습니다.

아프리카 반투족 말로 "당신이 있기에 내가 있다I am because you are"란 의미라고 합니다.

그 말과 관련해 전해지는 짧은 일화가 감동적입니다.

*

어느 인류학자가 아프리카의 한 부족 아이들에게 게임을 하자고 제안했습니다.

인류학자는 근처 나무에 아이들이 좋아하는 음식을 매달아놓고 가장 먼저 도착한 사람이 먹으면 된다고 규칙을 설명하고 "시작"을 외쳤습니다.

그런데 아이들은 각자 뛰어가지 않고 나란히 손을 잡고 함께 가서 음식을 나눠 먹었습니다.

인류학자가 아이들에 물었습니다.

"한 명이 먼저 가면 다 차지할 수 있는데 왜 함께 뛰어갔지?"

그러자 아이들이 대답했습니다.

"우분트, 다른 사람이 모두 슬픈데 어떻게 한 명만 행복해질 수 있나요?"

혼자 행복해지는 데는 한계가 있습니다.

진정한 행복은 함께할 때 찾아옵니다.

세상의 모든 존재를 위한 '자비 명상'

인도 고승 샨티데바Shantideva가 이런 말을 남겼습니다.

"세상의 모든 기쁨은 남의 행복을 바라는 데서 오고, 세상의 모
든 고통은 나만의 행복을 바라는 데서 온다."

남의 행복을 바라는 마음이야말로 내가 행복해지는 지름길이라
는 이야깁니다.

연민은 남들이 고통받지 않기를 바라는 마음입니다. 누군가 고
통받는 모습을 보고 '저 고통에서 어서 벗어나면 좋겠다' 하고 생
각하는 측은한 마음이지요.

나와 가깝든 그렇지 않든 사람은 누구나 행복해지고 싶고, 내가
그렇듯 고통에서 벗어나 행복해질 권리가 있습니다. 이런 생각을
토대로 연민을 키워나가면 좋습니다.

친절은 거기서 더 나아가 누군가 행복해지기를 바라는 마음입
니다. 그리고 자비는 상대가 행복해지도록 기꺼이 도우려는 마음

입니다.

이제 남의 행복을 빌어주는 따뜻한 마음 기르기 훈련을 해보려고 합니다.

이것을 자비 명상이라고 합니다.

'당신이 편안하기를, 당신이 건강하기를, 당신의 몸이 건강하고 활력이 넘치기를……'

이렇게 점점 강도를 높여가며 상대의 행복을 빌어주는 겁니다.

나만 잘살게 해달라거나, 남보다 더 잘살게 해달라고 바라는 대신 남의 행복을 기원하는 명상, 참 멋집니다.

행복을 기원할 가족과 친구, 동료와 이웃의 얼굴만 떠올려도 가슴이 따뜻해지지 않습니까?

그런데 살다보면 잘 되길 바라는 마음이 선뜻 안 생기는 대상도 있습니다.

마주치는 것만으로도 껄끄러운데 그 사람의 행복을 바란다는 게 쉽지 않은 일이지요.

하지만 놀랍게도 뇌는 우리가 말하는 대로 바뀝니다.

당장 진심으로 우러나지 않더라도 누군가의 행복을 염원하는 말을 반복해보세요.

뇌와 마음이 그렇게 바뀌면서 점차 진심으로 행복을 기원하게 됩니다.

심리학적 용어로는 이것을 '신경언어프로그래밍Neuro-Linguistic

Programming: NLP'이라고 합니다.

특정 언어를 활용해 뇌에 변화를 줄 수 있다고 보는 심리 치료 법이지요.

단순하게는 '건강', '사랑', '행복', '감사' 같은 말을 계속 반복하면 정말 그런 심리 상태가 될 수 있다고 봅니다.

뇌의 언어를 담당하는 피질 부위와 의도 및 기획을 담당하는 피질 부위 그리고 감정과 추진력을 담당하는 변연계가 협력해 뇌 의 구조와 마음 상태를 바꿔나가는 겁니다.

요즘은 심리 치료에 국한되지 않고 자기관리나 자기계발, 코칭, 상담 등에도 폭넓게 활용되고 있습니다.

가깝게는 기도나 만트라(주문)를 반복하는 것도 그런 효과를 기 대한다고 볼 수 있습니다.

*
*

자비 명상을 처음 시도할 땐 다소 서먹서먹한 관계에 있는 사 람, 약간 어렵게 느껴지는 사람을 골라보세요.

예를 들어 직장생활을 하다보면 사람은 참 좋은데 왠지 불편한 동료나 상사가 있을 겁니다.

지금부터 약간 어색하고 서먹서먹한 사람에게 자비심을 내어 행 복을 기원하는 것을 시작으로 점점 대상을 넓혀보세요.

나중엔 원수 같이 느껴지던 사람까지도 자비 명상의 대상으로 삼을 수 있습니다.

티베트에서는 이것을 '통렌 명상'이라 부르는데, 여러 명상법 중에서도 최고 수준으로 여기지요.

미운 사람에게도 자비를 베풀 수 있는 마음의 여유, 정말 멋지지 않나요?

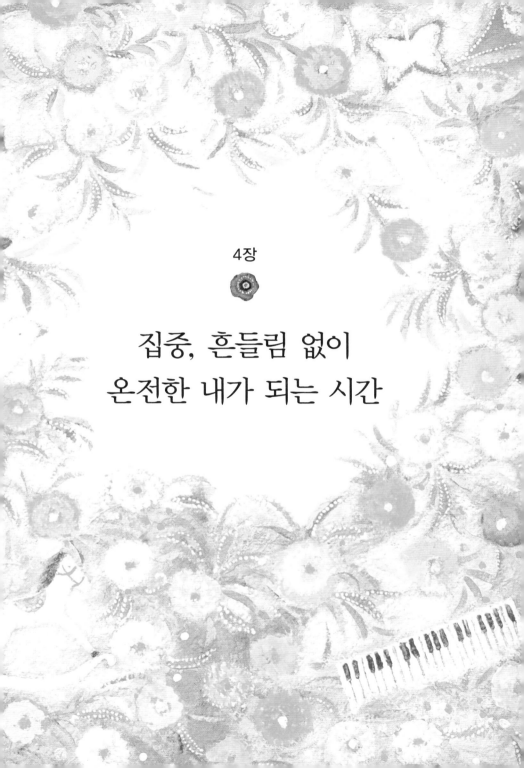

4장

집중, 흔들림 없이
온전한 내가 되는 시간

집중의 힘

"고요함 속에서 얻은 깊은 통찰은 마침내 고통의 뿌리를 뽑을 수 있다."

샨티데바의 《행복 수업》에 나오는 말입니다.

이 말은 집중 명상 끝에 오는 알아차림을 의미합니다. 즉 깊은 지혜를 말하는 것이지요.

알아차림이란 지금 이 순간에 주의를 집중하고 그 상태를 지속한다는 뜻입니다. 원하는 대상에 주의를 모아 그대로 머무는 것이지요.

즉 밥 먹을 때는 밥 먹는 데 오롯이 마음을 모으는 거예요. 밥알을 씹을 때 맛과 삼킬 때 맛과 향과 질감 등 오감으로 느낄 수 있는 것을 다 느낍니다. 청소할 때는 오직 마음을 챙겨서 쓸고 닦

"고요함 속에서 얻은 깊은 통찰은 마침내 고통의 뿌리를 뽑을 수 있다." –샨티데바의《행복 수업》중에서

습니다.

하고 있는 모든 일들에 주의를 집중해서 그것을 잘 유지하면 됩니다.

명상을 통한 집중 상태는 레이저빔에 비유할 수 있습니다. 레이저빔은 단일 파장이지요. 명상을 통해서 마음의 단일 파장을 만드는 겁니다. 볼록거울로 태양광선을 초점화하는 것과도 같습니다.

볼록거울로 태양광선을 초점화하면 엄청난 에너지가 생기죠. 돋보기로 빛을 초점화하면 물체를 태울 정도로 엄청난 힘이 생깁니다.

우리 마음도 레이저빔처럼 집중해서 하나로 모으면 가히 상상도 못할 힘이 솟아나옵니다. 마음이 고요해지고 집중이 되면 여기서 깊은 통찰, 즉 지혜가 나오는 것입니다.

'정신일도 하사불성精神一到何事不成'이란 옛말도 있지요. 마음을 한곳에 모으면 이루지 못할 일이 없습니다.

*
*

사실 눈을 뜨고 있다고 다 깨어 있는 것은 아닙니다. 눈으로 글자를 읽지만 머릿속에 딴 생각이 밀고 들어와 책 내용은 도무지 기억이 안 날 때가 종종 있지 않습니까?

일상생활에서 알아차림을 시도한다면 혼미한 잡생각에서 빠져나와 진정으로 깨어 있는 삶을 살아갈 수 있습니다.

누구에게나 똑같은 하루 24시간도 깨어 있는 사람과 그렇지 않은 사람의 삶은 전혀 다를 것입니다.

깨어 있는 삶을 살기 위해서는 무슨 일을 하든 서두르지 마십시오. 우리는 대체로 조급해합니다.

당장 처리해야 할 일이 있어서 그럴 때도 있지만 실상 특별한 일이 없어도 늘 마음이 쫓깁니다. 만성적 불안입니다.

불안해서 뭘 해야 할지 선뜻 결정하지 못하고, 겨우 결정을 내리더라도 온전히 마음을 쏟지 못하고 허둥지둥합니다.

이제부터 애써 의식적으로 모든 일을 천천히 처리하려고 노력해보세요.

밥을 먹을 때 천천히 꼭꼭 씹어 밥알의 질감을 느껴보세요.

젓가락으로 반찬을 집으면서 살펴보세요. 우선 무엇을 먹을지를 선택한 후에 한 젓가락에 보통 얼마나 집히는지, 반찬에 따라 그 양이 어떻게 달라지는지, 그동안 눈길 한 번 준 적 없던 것들에 관심을 기울이며 천천히 매순간을 음미해보세요.

별것 아닌 것 같지만 허겁지겁 밥을 먹을 때보다 밥맛은 물론 사는 맛이 훨씬 좋아질 것입니다. 천천히 먹느라 조금 늦어진 식사시간은 염려하지 마세요. 지금까지와 다른 대접을 받은 몸과 마음이 충분히 보상할 테니까요.

아무리 할 일이 많아도 한 번에 한 가지씩만 하세요. 멀티플레이가 좋은 것만은 아닙니다. 한 번에 두 가지 이상을 처리하려고 하면 혼란스럽고 정신이 없을 수밖에 없어요.

요즘 사람들 "영혼이 없다"는 말을 자주 하는데, 뭔가를 할 때 넋이 빠진 상태로 기계적으로 하기 때문입니다.

어느 하나도 온 마음을 쏟았다고 말하기 어렵습니다.

한 가지를 제대로 끝낸 다음 다른 일을 시작하세요. 그게 진짜입니다.

평소 짬짬이 심호흡을 자주 하세요. 심호흡은 부교감신경계를 강화시킨다고 했습니다.

틈날 때마다 그리고 집중이 잘 안 되거나 긴장이 심할 때 또는 불쑥 짜증이 날 때 심호흡을 서너 번 해보세요.

숨을 들이쉴 때는 교감신경계가 작용하고 내쉴 때는 부교감신경계를 자극합니다.

숨을 깊게 들이쉰 다음 가능한 천천히 길게 내쉬어보세요.

횡격막이 아래로 쑥 내려가고 아랫배가 불룩 솟아오르도록 심호흡을 하세요.

흔들리는 마음을 다잡고 뇌의 수다를 잠재우도록 도와줄 것입니다. 마음을 다잡는 데는 호흡만큼 좋은 방법이 없습니다.

주의집중을 결정짓는
도파민의 작용

우리가 명상을 하는 가장 중요한 이유는 마음과 주의력이 흔들리지 않고 집중하기 위해서입니다.

명상을 하면 전전두피질과 전방대상피질 기능이 활성화됩니다. 전전두피질과 전방대상피질의 중요한 역할은 각자 세운 계획과 의도를 확인하고 그대로 잘 진행하고 있는지 감시하고 살피는 겁니다.

'내 마음이 지금 어디에 가 있는가?'

'나는 지금 무엇을 하고 있는가?'

'내가 가려고 하는 길을 제대로 가고 있는가?'

이런 질문 하나하나를 점검하고 알아차림 하도록 일깨워주는 것입니다.

집중을 하면 마음이 평화로워집니다. 반대로 마음이 흔들리면 괴롭습니다. 마음의 흔들림을 번뇌라고도 하지요.

명상이 익숙해져 집중하는 습관이 몸에 배면 언제든 붙잡고 버틸 단단한 닻을 내려놓은 것과 다름없습니다. 폭풍우가 휘몰아쳐도 웬만해선 표류하지 않습니다.

'바람이 분다.'

'파도가 높다.'

'빗발이 거세다.'

이렇게 알아차림 할 뿐 동요하지 않습니다.

아무리 강력한 태풍도 때가 되면 잦아들게 마련이니까요.

감정에 흔들리지 않는 침착한 태도는 우리 뇌가 도파민을 일정하게 분비하는 것과도 관련이 깊습니다.

예를 들어 직장이나 학교에서 중요한 프레젠테이션을 할 때 활기를 띄면서도 차분하게 주제에 집중할 수 있어야 합니다.

그러려면 주의집중을 담당하는 대뇌피질이 안정적으로 작동해야 합니다.

그런데 만약 흥분과 쾌감을 느끼게 하는 도파민이 과도하게 분비되어 들쑤셔놓으면 주의가 산만해지기 쉽습니다.

반면에 도파민이 너무 적으면 무슨 일을 해도 흥미가 없고 기운이 빠지며 우울해집니다.

따라서 주의집중을 잘 하기 위해서는 도파민의 역할이 아주 중요합니다.

대뇌피질에는 도파민을 유입시키는 관문이 있습니다.

도파민은 대뇌 밑 뇌간에 있는 특정 신경세포에서 만들어진 다음 기저핵을 거쳐 대뇌피질로 들어갑니다.

도파민 제조 공장은 지하에 있고, 1층에 있는 기저핵이라는 중개소가 2층의 대뇌피질과 정보를 주고받으면서 도파민 수급을 조절한다고 할 수 있습니다.

지하에서 2층까지 도파민을 공급하는 관의 밸브를 기저핵에서 열고 닫는 셈입니다.

신기한 자극이 나타나면 우리의 관심이 그쪽으로 쏠립니다.

닫혔던 관문이 열리면서 도파민이 대뇌피질에 유입되어 설렘과 호기심으로 새로운 정보를 받아들이는 겁니다.

지극히 정상적인 반응입니다.

갑작스런 위기가 닥쳤는데도 도파민 관문이 닫혀 있으면 안 됩니다. 관문을 활짝 열고 대뇌피질에 도파민을 공급해 수많은 자극과 정보를 순식간에 받아들여 처리하도록 해야 합니다.

호랑이가 나타났는데도 아무 일 없다는 듯 대책 없이 앉아 있으면 잡아먹히기 십상 아니겠습니까.

그렇게 새로운 정보와 기존 기억을 비교하고 종합해 작업 기억을 만들어 대처하고 나면 도파민 관의 밸브가 잠깁니다.

이제 설레거나 흥분하기보다 안정 상태로 접어드는 것이지요.

그런데 너무 오랫동안 아무 자극이 없어 도파민이 분비가 안 되면 졸리거나 나른해집니다.

장시간 고속도로에서 혼자 차를 운전하고 있다고 생각해보세요. 몇 시간째 별다를 것 없는 풍광에 똑같은 자세를 하고 있으니 슬슬 졸음이 밀려옵니다.

그럴 땐 새로운 자극이 없어도 뇌 스스로 밸브를 열어 도파민을 유입시켜야 합니다.

보통은 '슬슬 졸음이 오는구나' 하고 스스로 느끼고 애써 재밌었던 일을 떠올리거나 껌을 씹거나 잠깐 창을 열고 찬바람이라도 쐬겠지요.

우리 뇌는 위기 상황처럼 한꺼번에 많은 자극을 처리해야 할 때는 물론 자극이 너무 없어 지루할 때도 관문을 열어 도파민을 유입시킵니다.

그러다 도파민이 과다하게 분비되어 혼란스럽다고 판단되면 관문을 닫습니다.

집중을 유지하는 데는 도파민 분비량을 탄력적으로 조절하는 작업이 관건이라고 할 수 있습니다.

자극이 강할 때는 물론 자극이 오랫동안 없을 때도 관문을 열어야 하고, 너무 열어놓았다 싶으면 다시 닫아 혼란을 줄이는 식으로 여닫이를 잘 해야 합니다.

어느 연구 결과에 따르면 이 기능에 문제가 생겨 도파민이 너무 많이 생성되면 정신분열증을 발생시킬 수도 있고, 반면에 너무 적게 생성되면 파킨슨병이나 우울증을 일으킬 수도 있다고 합니다.

자극이 너무 많아도 탈이고, 자극이 너무 없어도 탈입니다. 자극이 많으면 산만하고, 자극이 너무 없으면 지루합니다. 지루하면 피로감을 자아내는 신경전달물질 코르티솔이 분비됩니다. 따분하다는 것 자체가 스트레스로 작용하는 셈이지요.

혹시 서울에서 부산까지 가장 빨리 가는 방법을 아시나요?

정답은 마음 맞는 친구와 함께 가는 거라고 합니다. 친구와 오순도순 이야기를 나누다보면 시간 가는 줄 모를 테니까요. 물론 지나치게 산만하고 수다스러운 사람이 옆에 타고 있으면 운전에 방해가 되고, 또 너무 과묵한 사람과 함께 가면 졸음이 밀려들겠지요.

무슨 일이든 도파민이 적정 수준을 유지해야 즐겁게 해낼 수 있다는 이야기입니다.

뭔가에 몰두해야 하는데 관심이 이쪽저쪽으로 분산된다거나 내내 졸리고 피곤한 경우 우리 뇌에서 어떤 일이 벌어지고 있는지 이제 이해하셨지요?

뇌가 늘 깨어 있으려면

절에서 스님들이 참선할 때 한 분이 죽비를 들고 다니시면서 스님들 어깨를 한 번씩 내리칩니다. 도파민 관문을 열어주는 거라고 생각하면 됩니다.

죽비는 한편으로 뇌간에 있는 망상체reticular formation를 자극하는 수단이기도 합니다.

망상체는 신경세포들이 서로 연결되어 망을 이루고 있는 구조물을 가리킵니다. 흥분과 각성 상태를 조절하는 기능을 담당합니다.

1960년대 제가 의과대학 생리학교실에서 연구원으로 있을 때 졸고 있는 고양이의 망상체에 미약한 전기 자극을 주는 실험을 한 적이 있었습니다.

졸던 고양이가 바로 깨어나더군요. 만약 망상체가 손상됐다면 깨어나는 대신 계속 잠만 자게 되겠지요.

학교에서 쉬는 시간이 끝났는데도 아이들이 와자지껄 떠들고 있을 때 선생님이 출석부로 교탁을 탁 치면 일순간 조용해집니다. 아이들의 망상체를 자극해서 그렇습니다.

이처럼 뇌를 각성시키고, 수많은 자극과 정보 중에서 우리에게 꼭 필요하거나 새로운 것에 관심을 쏟게 하는 신경 장치를 망상 활성체계라고 합니다.

망상 활성체계가 제대로 작동해야 각성과 집중도가 높아집니다.

망상체는 우리 주변의 소리, 광경, 냄새 등 갖가지 정보 중에서 내게 필요하다고 판단되는 것을 그물망으로 건집니다.

망상체가 단서를 많이 갖고 있을수록 보다 적합한 정보를 끌어모아 각성시킵니다.

원하고 바라고 계획하는 것들을 구체적인 단어로 자꾸 표현해주세요. 입으로 중얼거리거나 종이에 기록을 남겨도 좋습니다.

해야 할 일이 있고 목표한 바가 있다는 점을 망상체가 분명히 인식하면 뇌가 늘 깨어 있도록 도와줄 것입니다.

출가 수행자이자 이름난 선화가인 허허당 스님의 책《머물지 마라, 그 아픈 상처에》란 책에 보면 다음과 같은 문장이 나옵니다.

"마음이 어두우면 세상 그 어떤 말도 공허할 뿐이고, 마음이 깨어 있으면 세상 그 어떤 공허한 말도 보석이 된다."

이 말은 뇌가 깨어 있지 않으면 아무리 좋은 정보도 흘려듣게 마련이고, 뇌가 깨어 있으면 무엇을 접하든 목표하고 의도한 것에 적용할 수 있는 능력이 생긴다는 의미로 해석할 수 있습니다.

'전 세계 1퍼센트만 알고 있는 부와 성공의 비밀'이라는 광고문구로 화제를 모았던 《시크릿》은 전 세계적으로 3억 부 이상 팔렸다고 합니다. 몇 년 전에 우리나라에서도 선풍적인 인기를 모은 적이 있지요.

그런데 그 비밀이라는 것도 결국은 집중과 관련이 있습니다.

《시크릿》의 저자 론다 번Rhonda Byrne은 이렇게 말합니다.

"당신이 원하는 대상에 생각을 집중하고 그 집중력을 유지하면 그 순간 우주에서 가장 강력한 힘으로 그 대상을 불러들이고 있는 것이다."

론다 번은 이 원리를 '끌어당김의 법칙'이라고 정의했습니다. 용어만 다를 뿐 내용은 지금껏 우리가 해온 이야기와 크게 다르지 않습니다.

파울로 코엘료가 쓴 《연금술사》에도 비슷한 대목이 나옵니다.

"무언가를 온 마음을 다해 원한다면 반드시 그렇게 된다는 거야. 온 우주는 자네의 소망이 실현되도록 도와준다네. 그리고 그것을 실현하는 게 이 땅에서 자네가 맡은 임무라네."

맞는 말이라고 생각합니다.

하지만 우리 뇌와 집중력의 원리를 제대로 이해하지 못한 채 가만히 앉아 마법이 일어나기만 바라는 것은 어리석은 짓입니다.

원하는 대상에 온 마음을 다해 집중하는 것은 자신이 원하는 바를 뚜렷이 밝히고 몰두하는 것을 의미합니다.

분명한 의도와 계획으로 전전두피질과 전방대상피질을 일깨우고 망상체에 많은 단서를 제공한다면 한눈팔지 않고 목표하는 바에 몰입할 수 있을 것입니다.

또한 적정량의 도파민으로 동기와 의욕을 유지한다면 목표 실현을 위해 집중적으로 힘을 쏟을 수 있을 것입니다.

이렇게 온전히 깨어서 세상을 바라본다면 온 우주가 도와주는 것 같지 않겠습니까.

주의력을 모으는
3가지 방식

집중하려면 적정량의 도파민이 유지되어야 합니다.

도파민은 일차적으로 쾌감을 느끼게 하는 신경전달물질입니다. 충만감, 만족감 같은 긍정적인 감정은 주의집중을 도와줍니다.

그리고 주의집중에 성공하면 희열을 느끼게 되지요. 그러다보면 저절로 도파민이 분비되어 자기가 하는 일에 대한 의욕과 열정을 높여주는 것입니다.

이런 과정을 '최적의 흐름', '선순환'이라고 할 수 있습니다.

시카고대학교의 유명한 심리학자 미하이 칙센트미하이Mihaly Csikszentmihalyi가 말하는 '몰입의 즐거움'도 바로 이런 것이라고 봅니다.

그는 어떤 활동에 아주 깊이 집중해 시간의 흐름이나 공간, 더

＊
＊

집중하는 방식이 다른 것은 신경학적인 관점에서 보면 사람마다 신경의 반응성에 차이가 있기 때문입니다.

따라서 그러한 신경학적인 차이를 발견해서 각자에게 맞는 명상법을 찾아야 합니다.

사실 전통적인 명상법은 지금과 많이 다릅니다. 지금보다 변화가 훨씬 적고 자극 수준도 낮았던 시절에 만들어졌기 때문입니다.

더욱이 명상이 처음 출현한 동양 문화권은 서양과 달리 새로운 자극을 탐색하며 이동하기보다 안정적으로 정착하기를 선호했습니다.

반면에 우리가 사는 21세기 문화의 특징은 어떤가요? 여러 가지 특징이 있지만 그중에서도 가장 강력한 특징은 변화라고 할 수 있습니다.

변화에 제때 적응하지 못하면 사회에서 낙오하고 실패합니다.

또 다른 특징은 경쟁입니다. 아주 치열합니다. 경쟁이라는 것은 주변을 경계하지 않으면 안 됩니다. 물리쳐야 할 상대가 있고 적이 있으니까요.

현실이 이러하니 과거의 명상법만 고집해서는 사람들의 공감을 얻고 함께 교감하기는 어렵습니다.

사람마다 성향이 다르고 자극도 시대별로 차이가 있지만 인생에서 성공하는 사람들의 요건은 과거나 현재나 변함이 없습니다.

목표가 분명하고 집중력이 뛰어나 능률적으로 일하는 사람은 언제 어디서나 환영받습니다.

그런데 여기에 덧붙여 앞으로 미래사회가 요구하는 것은 자비, 연민, 공감 같은 따뜻한 마음입니다.

경쟁이 치열해지고, 디지털 의존도가 높아질수록 세상은 인정과 배려에 갈증을 느끼게 될 것입니다.

집중과 자비는 모든 명상의 기본 화두입니다.

지금 여기에 집중하면서 자비심을 내어보는 겁니다. 그러기 위해서 먼저 나 자신을 사랑해야 하고, 그렇게 배우고 받은 사랑을 남들에게 되돌려주는 삶이야말로 행복으로 나아가는 가장 빠른 길이라고 할 수 있습니다.

휴식,
잘 쉬는 것도 전략이다

뇌가 집중을 잘 하려면 충분히 깨어 있어야 합니다.

깨어 있으면서 내 마음이 지금 어디에 있는지 지속적으로 감시하고 살펴야 합니다.

그런데 잠이 부족하거나 피로가 쌓이면 아무리 애를 써도 집중이 잘 안 됩니다. 목표가 분명해도 눈이 저절로 감기고 고개가 아래로 떨어집니다.

지친 말에게 언덕을 올라가야 한다고 박차를 가하고 채찍을 휘둘러봐야 그 자리에서 쓰러지고 말 것입니다.

샌프란시스코 캘리포니아대학교 심리학과 교수인 로렌 프랭크 Loren Frank 박사는 쥐를 이용한 실험에서 휴식의 중요성을 밝혀낸 바 있습니다.

쥐에게 낯선 미로를 탐색하도록 하고 뇌파를 측정했을 때 중간에 휴식을 취한 쥐에게만 해마 부위에 새로운 뇌파가 나타났다고 합니다. 휴식을 취하지 않은 쥐에게선 뇌파가 나타나지 않았습니다.

해마에 새로운 뇌파가 측정되었다는 것은 장기 기억창고에 새로운 정보가 들어와 기억 응고가 일어나고 있다는 신호, 즉 학습과 기억이 이루어지고 있다는 뜻입니다.

제아무리 오랜 시간 책을 붙들고 앉아 있어도 뇌가 기억하지 못하면 아무 소용없습니다.

효과적인 학습에 휴식이 얼마나 중요한지 확인시켜준 실험입니다.

뇌는 무작정 쉼 없이 가동시키는 것보다 잠깐 멈추고 내 머리가, 내 공부가 어디쯤 가고 있는지 돌아봐줄 때 더 좋아합니다.

따라서 학습 효과를 높이려면 학습 중간 중간 적당히 뇌를 쉬게 하고, 잠도 충분히 자야 합니다.

＊
＊

그런데 요새는 아이고 어른이고 쉬라고 하면 어떻게 하나요? 십중팔구 스마트폰이나 TV, 태블릿PC 등을 들여다봅니다.

미국 사우스캐롤라이나대학교 심리학과 교수인 마크 버먼Marc Berman 박사는 "사람들이 디지털 기기를 이용해 활기를 되찾는다고 생각하지만 실은 자신을 더욱 혹사시키는 꼴이다"라고 말합니다.

버먼 박사는 휴식의 종류에 따른 뇌의 반응을 연구해 관심을 끈 적이 있습니다.

그는 먼저 실험 참여자들을 두 그룹으로 나눠 각각 수목원과 도심을 50분 동안 산책하게 했습니다.

실험 참여자들의 산책 전후 주의력과 단기 기억 능력을 비교해 보니 두 그룹에 상당한 차이가 있었습니다.

수목원을 산책한 사람들의 주의력과 단기 기억 능력은 산책 전에 비해 20퍼센트 좋아진 데 반해, 도심을 산책한 사람들에게선 아무런 변화가 없었습니다.

버먼 박사는 이와 같은 결과를 자연과 도심이 요구하는 집중력 차이로 설명했습니다.

자연의 아름다움은 특별히 집중하지 않아도 충분히 감상하고 즐길 수 있습니다.

반면에 여러 정보가 산재해 있는 도심은 보는 이에게 엄청난 집중력을 요구합니다. 수많은 정보를 빠르게 처리해 필요한 정보를 가려내야 하니까요.

그래서 자연을 둘러보고 온 사람은 그 사이 뇌가 충분히 기력을 회복할 수 있었지만, 도심을 산책한 사람은 뇌가 제대로 쉬지 못한 겁니다.

그렇다면 디지털 기기는 어떨까요? 버먼 박사에 따르면 디지털 기기가 요구하는 집중력은 어려운 수학 문제를 풀 때의 집중력과 맞먹습니다.

　그러니 휴식 시간에 디지털 기기를 만지고 있는 건 쉬는 게 아니라 뇌를 더 혹사시키는 셈입니다.

　요즘 젊은 사람들은 TV로 좋아하는 프로그램을 시청하면서 스마트폰으로 친구와 문자를 주고받는 게 아주 자연스럽습니다.

　언뜻 멀티태스킹에 능하면 집중력 향상에 도움이 될 것 같지만 그렇지 않습니다. 여러 디지털 기기에 동시에 반응할 경우 오히려 집중을 잘 못하고 주위 환경에 민감하게 휩쓸리게 됩니다.

　버먼 박사는 뇌에 활기를 불어넣는 방법으로 '자연과 교감하기'를 추천합니다.

　자연과의 교감이 집중력을 높이는 데 효과가 있다는 사실은 이미 잘 알려져 있습니다. 그밖에 공격성이나 주의력 결핍 및 과잉행동 장애를 완화하고, 유방암 환자의 주의력 결핍을 개선한다는 연구 결과도 있습니다.

　버먼 박사에 따르면 자연 풍광이 담긴 그림이나 사진을 보는 것만으로도 자연을 산책한 것과 비슷한 효과를 얻을 수 있다고 하니 하던 일을 잠시라도 내려놓고 창밖을 보세요.

＊
＊

　일에 지치고 힘들 때, 우울하고 심란할 때, 자신의 상황에 매몰되면 더 괴로워집니다.

이때는 오히려 한발 물러서서 떠가는 구름을 바라보세요.

가끔은 주의를 다른 곳으로 돌리는 것으로 다시 집중할 힘을 얻기도 합니다.

천재 화가 레오나르도 다빈치도 가끔씩 일에서 벗어나 휴식을 취해야 한다며 다음과 같이 말했습니다.

"계속 몰두하다보면 판단력을 잃어버린다. 잠시 동안이라도 일과 거리를 두고 지켜봐라. 자기 삶의 조화와 균형이 얼마나 깨져 있는지, 또 어떻게 회복해야 하는지도 분명 보일 것이다."

삶이 갈수록 각박해지면서 사람들은 쉬는 것을 불안해합니다.

잠시 잠깐이지만 아무것도 하지 않는 것을 어색해합니다. 가만히 있으면 뭔가 놓치고 있다거나 해야 할 일을 하지 않는 듯한 죄책감을 느끼기도 합니다.

하지만 실제는 정반대라는 사실을 우리 뇌는 알고 있습니다. 쉬지 않고 내달리는 것은 다람쥐 쳇바퀴 도는 것과 다름없습니다.

분주하게 움직이지만 사실 아까운 시간을 무의미하게 흘려보내고 주변사람들과의 소중한 시간을 놓치는 안타까운 행동입니다.

뇌는 더 잘 집중하고 기억하기 위해 쉬고 싶어 합니다. 쉬면서 차곡차곡 정리하고 싶어 하지요.

이제라도 휴식 시간엔 뇌를 제대로 쉬게 해주세요.

스마트폰과 TV도 잠시 꺼두세요.

잠시 산책하는 것도 좋은 방법입니다.

하늘과 나무와 땅과 공기와 만나보세요.

그동안 대충 보고 지나쳤던 것들과 진심으로 만나보세요.

관심과 애정을 쏟는 만큼 우리 뇌와 마음도 사랑으로 채워질 것입니다.

혹사당하지 않고 보살핌받고 있다고 느낄 것입니다.

그러다보면 어느 순간 머리가 한결 맑아지고 일이든 공부든 다시 매진할 의욕이 생겨날 것입니다.

"불쾌한 일 때문에 괴로워하는 것은 독사에게 물린 것과 같다. 반면 즐거운 일에 집착하는 것은 마치 뱀의 꼬리를 움켜진 것과 같다. 놓지 않으면 어차피 둘 다 곧 물린다."

태국의 수도승 아잔 차 스님이 한 말입니다.

도파민은 뇌 속에 있는 신경전달물질입니다. 주로 보상물질이지요.

과거에 즐거움으로 보상받았던 대상을 다시 만나면 도파민이 분비됩니다. 도파민이 뇌간에서 만들어져 기저핵을 거쳐 전뇌, 즉 뇌피질까지 수도관처럼 연결되어 분비됩니다.

도파민이 작용하면 즐거운 보상을 예상한다거나 지금 하는 행위로 인해 행복감을 느끼겠지요.

그런데 전전두피질 바로 밑에 띠처럼 생긴 전방대상피질이 기대했던 보상이 제대로 이뤄졌는지 감시합니다.

기대 수준 이상이면 도파민이 일정하게 유지되면서 행복감과 만족감을 느끼고, 보상이 실망스러우면 도파민이 줄어들어 불쾌감이 일어납니다.

그러면 행복감과 만족감을 얻기 위해서 또 다른 당근을 찾기 시작하겠지요.

그렇게 욕망의 수준을 높이는 것이 바로 새로운 당근 쫓기, 즉 중독입니다.

도박이나 알코올에 중독된 사람들을 보세요. 뇌에서 도파민이 제대로 분비가 안 되니까 자꾸만 더 강한 자극을 추구하는 겁니다.

도파민 외에도 당근을 좇는 신경 체계는 또 있습니다. 아편과 유사한 쾌감물질이지요.

뇌 속에 '아편공장'이 있는 셈입니다.

엔도르핀이라고 들어보셨을 겁니다. 엔도르핀은 바깥에서 우리 몸속으로 들어오는 게 아니라, 우리 뇌가 스스로 만들어낸 보상물질이에요.

다쳐서 아플 때 엔도르핀이 분비됩니다. 산모가 애기를 낳을 때 엄청난 양을 분비하지요. 산통을 진정시키는 천연진통제가 나오는 겁니다.

옥시토신이나 노르에피네프린 등도 마찬가지로 쾌감물질입니다.

"불쾌한 일 때문에 괴로워하는 것은 독사에게 물린 것과 같다. 반면 즐거운 일에 집착하는 것은 마치 뱀의 꼬리를 움켜쥔 것과 같다. 놓지 않으면 어차피 둘 다 곧 물린다." - 아잔 차

도파민과는 좀 다르지만요.

우리가 쾌감을 주는 행동만 하려고 하면 일종의 도파민 중독에 빠질 수 있습니다. 쾌락 중독이라고 할 수 있지요.

*
*

쾌락 중독의 심각한 폐해를 보여주는 유명한 실험이 있습니다.

1954년 캐나다 맥길대학교의 피터 밀너Peter Milner와 제임스 올즈James Olds는 뇌의 어떤 부위가 자극을 받으면 불쾌감을 유발하는지 알아보기 위해 실험을 시작했습니다.

'스키너 상자'라 부르는 상자 속에 배고픈 쥐를 넣어두고 지렛대를 누르면 먹이가 나오는 동시에 뇌에 전기 자극이 가해지도록 만들었습니다.

연구팀은 배고픈 쥐가 전기 자극을 받고 불쾌해지면 지렛대를 누르지 않을 것이라 예상했습니다.

그런데 전혀 예상 밖의 일이 벌어졌습니다. 쥐들은 뇌를 자극하기 위해 시간당 무려 7,000번이나 지렛대를 눌렀습니다. 먹이가 끝없이 나왔지만 식음을 전폐하고 지렛대만 누르다 죽은 쥐도 있었습니다.

이 실험을 통해 뇌의 변연계 부위에 도파민과 엔도르핀을 분비하는 쾌락중추가 있으며, 이 부위가 전기 자극을 받으면 만족감과 함께 정신적으로 고양된 듯한 기분을 느끼게 된다는 사실이 밝혀졌지요.

전기 자극이 아닌 아편이나 코카인 같은 약물을 이용한 실험에서도 쥐들은 똑같은 반응을 보였습니다.

실제로 약물은 배고픔도 잊게 하고, 그 쾌감이 성적 극치감을 능가한다고 하네요.

또한 일시적으로나마 현실을 망각하고 자신이 위대해진 듯한 과대망상에 빠지게도 합니다.

그러니 약효가 떨어지면 참고 견디기 힘들 수밖에 없습니다.

마약물질인 코카인을 주입하면 대뇌피질의 활동이 두드러지게 감소합니다. 즉 기억이나 판단, 인격, 언어, 고차원적 사고 등을 관장하는 전두엽의 기능이 억제된다는 의미지요.

그런데 게임 중독자의 뇌를 분석해보면 이와 비슷하다고 합니다.

도파민을 분비하는 쾌락중추가 활성화하는 반면 충동을 자제시키는 전두엽의 기능이 떨어집니다.

쾌감만 좇으면 괴로움이 찾아옵니다.

쾌감을 좇으려는 갈망은 궁극적으로 좌절과 절망감을 낳지요.

보상과 쾌락은 일시적이고 찰나적임을 알아야 합니다.

정향 반응과 집중력

"컴퓨터게임 할 땐 집중을 잘 하는데, 책만 펼치면 자꾸 다른 생각이 들어요."

이런 말들 많이 들어보셨지요.

텔레비전 볼 때는 밥 먹으라고 아무리 얘기해도 못 듣던 아이들이 공부하라고 방에 들여보내면 작은 소리에도 민감해져 뛰쳐나옵니다.

왜 이런 차이가 생기는 걸까요?

미하이 칙센트미하이 교수는 사람들이 텔레비전에서 시선을 떼지 못하는 이유를 '정향 반응Orienting response'에서 찾았습니다.

정향 반응은 예상치 못한 새로운 시청각 자극에 본능적으로 촉각을 곤두세우는 행위를 가리킵니다.

정향 반응이 일어나면 노르에피네프린이 분비되어 동공이 확대되고, 뇌로 가는 혈관이 팽창되며, 심박동은 일시적으로 저하됩니다.

낯선 장면을 보거나 소리가 들리면 숨을 죽인 채 머리를 빠르게 굴려 사태를 파악하도록 하는 겁니다. 생존을 위한 안전장치 같은 것이죠.

사실 정향 반응을 보일 일이 적을수록 안전합니다.

그런데 텔레비전이나 컴퓨터게임은 영상이 빠르게 바뀌고 효과음도 굉장히 자극적입니다. 텔레비전 영상물은 평균 4초 단위로 편집된다고 하지요.

순식간에 화면이 휙휙 바뀌어서 눈을 뗄 수 없게 만듭니다.

*
*

미국의 자녀교육 전문가이자 미디어 비평가인 글로리아 디가타노Gloria DeGaetano가 제안한 간단한 실험이 텔레비전에 대한 정향 반응을 잘 보여줍니다.

먼저, 조명을 어둡게 하고 평소처럼 텔레비전 앞에 앉아보세요.

얼굴은 텔레비전을 향하도록 하고 시선만 텔레비전 화면 바로 옆을 응시하도록 합니다. 의도적으로 텔레비전을 보지 않도록 하는 거죠.

광고가 나오고 화면이 바뀌어도 보지 않으려고 노력해보세요.

하지만 자신도 모르게 시선을 빼앗기고 말 것입니다. 우리 뇌가 빠르게 변하는 영상을 갑작스러운 시각적 자극으로 인식해 정향 반응을 활성화하기 때문입니다.

정향 반응은 원래 급박한 상황에서 일시적으로 나타나야 하는데, 시간 가는 줄 모르고 텔레비전이나 컴퓨터게임에 빠져들면 어떻게 될까요?

시간이 지날수록 높은 각성 수준을 계속 유지해야 하니 피로가 쌓이고 지치게 됩니다.

보통 컴퓨터게임은 텔레비전과 달리 자극 수준을 점점 강화시킵니다.

칙센트미하이의 실험에서 장시간 컴퓨터게임에 매달린 아이들 중에는 머리가 순간 멍해지고 토할 것 같았다는 기분을 호소하기도 했습니다.

*
*

이렇듯 오랫동안 강한 자극에 수동적으로 붙잡혀 있으면 그 자극에서 벗어난 뒤에도 후유증이 남습니다.

예를 들면 장시간 텔레비전을 보거나 컴퓨터게임을 하고 난 사람들이 대체로 쉽게 짜증을 내거나 어떤 일에도 의욕을 보이지 못하는 상태가 그렇습니다.

강한 자극에 너무 오래 노출되다 보니 각성 상태에 내성이 생겨

웬만한 자극엔 지루함과 무력감을 느끼는 것이죠.

텔레비전과 컴퓨터게임, 스마트폰처럼 쉼 없는 자극에 익숙한 아이들이 조용한 교실이나 방안에서 책을 읽으며 집중하기 힘든 이유지요.

지루함에서 벗어나기 위해 사람들은 커피나 에너지 음료에 의존하거나, 때로는 더 강한 자극을 찾아 필요 이상의 위험을 감수하기도 합니다.

이와 같은 인위적인 노력은 악순환으로 치닫기도 합니다. 졸음이 온다고 카페인 음료를 연거푸 마시면 신경이 예민해지고 불면증이 올 수 있습니다.

잠을 잘 자야 다음날 졸지 않을 텐데, 낮에 마신 카페인 음료 때문에 정작 밤에 잠을 자지 못해 다음날 또 졸음에 시달립니다. 그러다보면 결국 이전보다 카페인 음료를 더 자주, 더 많이 마시게 되겠지요.

텔레비전이나 컴퓨터게임, 스마트폰 그리고 각성제로 쓰이는 것들은 집중을 어렵게 할 뿐만 아니라 중독의 위험을 안고 있습니다.

처음엔 단순한 호기심에서 혹은 좋아서 취한 자극인데 멈추면 못 살 것 같은 위기감이 느껴진다면 중독을 의심해봐야 합니다.

집중을 하기 위해서는 일정량의 도파민이 필요하고, 또 집중이 잘 되면 저절로 도파민이 분비됩니다.

시냇물이 찰랑찰랑 넘치지 않고 흐르는 것처럼 도파민이 일정하게 유지되려면 대뇌피질의 작용이 중요합니다.

전전두피질이 목표를 일깨우고 전방대상피질이 현재의 상황을 감시하고 판단해야 합니다. 즉 이성과 열정이 조화를 이뤄야 하는 겁니다.

그런데 텔레비전이나 컴퓨터게임처럼 정향 반응을 일방적으로 강제하는 자극이나 인위적으로 각성을 유도하는 방식은 점차 우리 뇌로 하여금 위험한 수준의 자극을 갈망하게 만듭니다.

자극에 중독되어 어디로 가는지도 모르고 끌려가는 것이지요.

《동의보감》에 따르면 "마음이 혼란하면 병이 생기고, 마음이 안정되면 저절로 병을 치유하게 된다"고 했습니다.

자기조절 능력을 회복하여 마음의 내적 균형과 안정을 유지하는 것이 무엇보다 중요하다고 하겠습니다.

만약 학습 능력과 기억력이
예전 같지 않다면

주변을 둘러보면 기억력이 예전 같지 않아 고민인 분들이 많습니다. 저 또한 마찬가지입니다.

기억력을 떨어뜨리는 원인에는 여러 가지가 있을 수 있겠지만 가장 대표적인 원인으로 노화에 따른 기억력 감퇴와 스트레스 그리고 불안정한 감정 상태 때문에 내적 균형이 깨져 집중력이 떨어지는 경우를 생각해볼 수 있습니다.

이런 경우에는 생활습관을 바꿔보고, 명상과 같은 심리 훈련을 일상생활에 활용해보는 것이 노화를 늦추고 기억력을 높이는 데 큰 도움이 될 수 있습니다.

《텔로미어》를 쓴 미국의 노화전문가 마이클 포셀Michael Fossel 박사는 명상에 대해 이렇게 말합니다.

"명상은 종교가 아니라 과학이다. 명상을 한다고 해서 수도승이 되는 것도 아니고, 철학자가 되는 것도 아니다. 명상의 진짜 목적은 몸과 마음 안에 내재된 능력을 끌어내 삶에 좀더 충실해지고 침착해지며 목적의식을 갖고 깨어 있는 삶을 살기 위한 것이다. 세상에 많은 명상법이 있지만 어떤 명상법을 택하든 차분함과 휴식 그리고 집중력을 얻는 것에 목적을 두면 된다."

'텔로미어'는 염색체 끝부분에 모자처럼 생긴 단백질 성분을 가리킵니다. 염색체는 세포 분열을 할 때마다 DNA를 일부 잃어버리는데, 다행히 중요한 유전 정보를 담은 DNA가 아니라 염색체 끝에 붙어 있는 텔로미어가 닳아 없어진다고 합니다.

세포가 분열할 때마다 텔로미어의 길이가 줄어들고 마침내 더 이상 짧아질 수 없게 되면 드디어 죽음에 이른다는 이론이지요.

1980년대부터 텔로미어를 연구하고, 텔로미어의 활동을 조절하는 텔로머라제 효소를 발견한 미국의 연구팀은 2009년 노벨 생리의학상의 주인공이 되었습니다.

텔로미어 길이는 노화의 지표라고 볼 수 있습니다.

텔로미어가 짧으면 질병에 걸릴 위험성이 높아지고 각종 노화 현상이 나타납니다.

＊
＊

그렇다면 우리는 타고난 텔로미어 길이를 운명으로 받아들여야 할까요?

그렇지 않습니다. 많은 연구자들은 오히려 텔로미어를 발견한 이상 노화를 막을 길이 열렸다고 낙관합니다. 텔로미어를 생성하는 텔로머라제 효소의 활동량을 증가시켜 텔로미어 단축 속도를 늦춘다면 건강하게 장수할 수 있을 테니까요.

포셀 박사가 소개한 텔로미어에 이로운 생활태도 중에 눈에 띄는 것이 몇 가지 있습니다.

과일과 채소, 가공하지 않은 곡류와 콩 등을 주로 먹는 식습관, 규칙적인 운동 외에 정기적으로 명상을 하고, 새로운 언어를 학습하며, 무슨 일이든 편하게 털어놓을 친구가 한 사람쯤 있다면 텔로미어가 건강해진다고 합니다.

실제로 캘리포니아 예방의학연구소 연구팀은 2008년에 전립선암 발병 위험이 높은 사람들을 대상으로 석 달 동안 생활습관 바꾸기 실험을 했습니다.

과일과 채소, 가공하지 않은 곡류와 콩 등을 주로 먹고, 하루 30분 정도 걷는 등 적당한 운동을 하고, 가벼운 스트레칭과 호흡, 명상 등 스트레스를 줄이는 요법을 매일 한 시간가량 3개월간 지속했습니다.

그 결과 텔로머라제의 활동량이 29퍼센트가량 높아진 것으로 나타났습니다.

당시 연구팀이 한 말이 아주 인상적입니다.

"명상은 종교가 아니라 과학이다. 명상을 한다고 해서 수도승이 되는 것도 아니고,
철학자가 되는 것도 아니다. 명상의 진짜 목적은 몸과 마음 안에 내재된 능력을 끌어
내 삶에 좀더 충실해지고 침착해지며 목적의식을 갖고 깨어 있는 삶을 살기 위한 것
이다." —마이클 포셀

"텔로머라제는 텔로미어를 닳지 않게 하거나 늘리는 물질이다. 면역계 세포 유지에도 중요한 역할을 한다. 텔로머라제를 생성하는 새로운 약물을 개발한다면 블록버스터 약물이 되겠지만 굳이 그런 약물의 도움 없이도 건강한 식습관, 적당한 운동, 심리 훈련을 통해서도 공짜로 텔로머라제를 늘릴 수 있다."

2011년 데이비스 캘리포니아대학교의 마음과뇌연구소Mind & Brain Institute의 제이컵Jacob 교수 등 15명의 연구자들은 명상 수행이 노화와 건강에 미치는 영향을 연구한 다음 이렇게 발표했습니다.

"명상처에서 3개월간 명상을 한 집단은 명상 전에 비해 텔로머라제 활성도가 유의미하게 증가했고, 신경증 척도의 점수는 유의미하게 감소했으며, 통제감은 유의미하게 늘어났다."

쉽게 설명하면 3개월 동안 시도해본 명상으로 생명이 연장되었고, 신경질이 감소되었으며, 통제 능력이 강화되었다는 뜻입니다.

저 또한 여러 연구를 통해 명상이 주의력 향상, 불안과 우울감 감소, 대인관계 개선, 신체 증후 개선, 삶의 질 향상 등 다양한 긍정적 효과가 있다는 연구 사례를 논문으로 발표하기도 했습니다.

또한 국내에서도 단기간 명상을 시도했을 때 효과를 대중적으로 살펴본 사례가 있습니다. 몇 해 전 KBS TV '생로병사의 비밀'에서 명상을 다룬 적이 있지요.

그때 서울의 한 중학교 학생들이 매일 수업 전 30분씩 2주 동안 명상을 했더니 학습 능력과 기억력이 눈에 띄게 향상되었다는 내용이 방송 되었습니다.

짐작하건데 아이들이 그 시간 동안 자신의 감정과 욕망을 알아차리는 연습을 통해 끊임없이 일어나는 잡념을 잠재웠기 때문일 것입니다.

결국 명상을 통해 머리가 맑아지고, 스스로 학습에 대한 동기 부여를 한 셈이지요.

매일 아침 하루 10분씩이라도 명상하는 습관을 가져보세요.

잃어버렸던 기억력과 학습 능력이 돌아올 것입니다.

뇌는
운동하면 자라는 근육과 같다

신경 회로는 태어나기 전부터 형성되기 시작합니다. 어머니 배 속에서부터 신경 회로가 만들어지죠. 그리고 마지막 숨을 거둘 때까지 뇌는 학습과 변화를 지속해갑니다. 한평생 학습하고, 학습의 결과로 뇌가 변화해갑니다.

이 글을 읽고 있는 순간에도 우리의 뇌는 자라고 있습니다.

매순간 보고 듣고 만지고 맛보고 냄새 맡는 모든 것이 우리의 뇌를 바꾸고 있으며, 모든 생각이 뇌 구조에 미세한 변화를 일으킵니다. 과학자들은 이 현상을 '뇌가소성 또는 신경가소성'이라고 부릅니다.

봄날에 내리는 봄비는 아주 억세게 떨어지는 빗방울은 아닙니다. 하지만 이슬비처럼 사뿐히 내리는 비도 계속 오면 언덕에 줄기

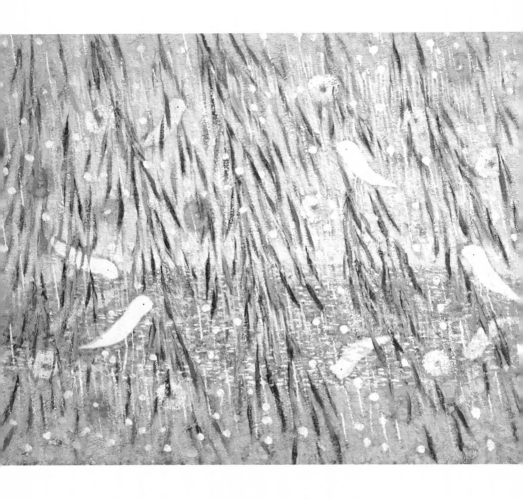

우리가 매순간 보고 듣고 만지고 맛보고 냄새 맡는 모든 것이 우리의 뇌를
바꾸고 있으며, 모든 생각이 뇌 구조에 미세한 변화를 일으킵니다.

가 만들어지면서 물골이 생기잖아요.

이렇듯 꾸준하고 반복적인 생각도 뇌에 물리적인 흔적을 남깁니다.

그중 뇌가 가장 극적으로 변하는 순간은 특정한 문제를 해결하려고 뇌를 사용할 때입니다.

살다보면 우리는 해결되지 않는 문제에 부딪칠 때가 있습니다.

바로 그 순간이 뇌가 변하는 결정적 순간입니다.

그 순간에 가장 쉬운 방법은 포기하고 돌아서는 겁니다.

하지만 영혼 전체를 걸고 문제에 부딪친다면 다른 결과를 낼 수도 있습니다.

이때 뇌의 다양한 영역을 연결하는 회로망이 강해지고, 뇌 회로의 활동성이 증가하면서 뇌가 변하기 시작합니다.

＊＊

뇌 속에는 1천 억 개 이상의 뇌세포가 존재합니다. 하루에도 엄청난 수의 세포가 죽고 또 생겨납니다.

우리가 생각을 할 때 뇌세포 수백만 개가 서로 맞닿아 연결되며, 마치 예술가가 흙을 빚듯 뇌세포도 뇌 안에서 실제로 물질을 만들어냅니다.

머릿속 뇌를 도시를 잇는 도로망이 표시된 거대한 3차원 지도라고 생각해보세요.

복잡하게 뒤엉켜 있던 도로가 정비되고 예비 공간이 생긴다면 새로운 도시가 추가될 것입니다.

우리가 몇 시간 동안 어려운 수학문제를 풀려고 적절한 공식을 동원하여 문제해결 과정에 집중한다면, 뇌 속에 새로운 길이 만들어지면서 수학문제를 푸는 뇌 지도는 확장될 것입니다.

이런 식으로 우리의 뇌 지도는 계속해서 확장되거나 축소되는 과정을 반복합니다.

특히 학습은 단순히 보고 듣고 만지고 맛보고 냄새 맡는 것보다 더 높은 차원의 뇌 활동입니다.

어떤 대상에 대한 자기만의 해석과 판단 과정을 포함하며, 추상적인 정보를 분류하거나 종합해 구체화하는 작업도 필요로 합니다. 이런 생각이 뇌를 변화시킵니다.

지금까지 과학계는 뇌의 가소성을 인정하면서도 뇌 구조의 변화는 주로 아동기나 청소년기에 완성된다고 보았습니다.

우리가 흔히 "나이 들면 머리가 굳는다"라고 얘기하는 통설이 과학계에도 지배적이었지요.

그런데 최근 10여 년 동안 축적된 연구들은 간단한 운동 기술이나 인지적 기술을 습득하는 동안에도 성인의 뇌가 변화한다는 사실을 입증하고 있습니다. 나이 들어서도 뇌 지도를 바꿀 수 있다는 이야기입니다.

이와 관련해 유명한 연구 결과가 있습니다.

런던 시내는 서울 시내 못지않게 복잡합니다. 런던의 택시 기사들은 2만 여개 이상의 골목길을 외워야 한답니다. 손님을 태우고 목적지에 닿기 위해 하루에도 얼마나 많은 좁은 골목길을 누비는지 모릅니다.

1990년대에 한 연구팀이 런던의 택시 기사들의 뇌를 촬영했더니 뇌의 기억창고이자 공간기억을 관장하는 영역인 해마 부위가 커지고 활동성도 유의미하게 향상된 모습이 확인되었습니다.

몇 년 동안 런던 시내를 누비며 도로를 익히고 암기하는 사이에 뇌 구조가 바뀐 것입니다.

흥미로운 연구가 또 있습니다.

하버드대학교의 유명한 신경과학자 알바로 파스쿠알 레온Alvaro-Pascual Leone 박사가 진행한 실험입니다.

실험 참가자들을 두 집단으로 나눠 한 집단에는 키보드를 주면서 일주일 동안 오른손만 사용해 연습하라고 요구했습니다.

나머지 집단에는 악보만 주고 음표를 보면서 오른손으로 연주하는 모습을 상상하라고 했지요.

연구팀은 일주일 후 실험 참가자들의 뇌를 단층 촬영했습니다.

오른손 손가락들을 움직이는 데 관여하는 운동피질의 변화를 집중적으로 살펴보았지요.

그 결과 키보드를 받은 집단은 예상대로 운동피질의 관련 영역이 확장되어 있었습니다.

놀라운 사실은 키보드 없이 악보만 보고 연주하는 모습을 마음속으로 상상했던 집단에서 확인된 변화였습니다.

손가락을 움직이지 않고 단지 상상만 했는데도 키보드를 받은 집단과 똑같은 부위가 확장되어 있었던 것입니다.

강렬하고 반복적인 경험으로 뇌를 바꿀 수 있을 뿐만 아니라 이렇듯 생각과 의도만으로도 뇌에 변화를 줄 수 있습니다.

뇌는 우리가 흔히 생각하는 것처럼 신체에 유전적으로 프로그램화된 지시를 전달하는 수동적인 유기물질 덩어리가 아닙니다. 뇌는 끊임없이 변화하는 신경세포들로 이뤄진 네트워크입니다.

뇌가 변화한다는 것은 뇌의 다양한 영역을 연결하는 회로망이 강화되거나 약화되는 것을 의미합니다. 또는 뇌의 특정 부위에 있는 신경세포의 부피가 늘어나거나 줄어드는 것을 말합니다.

*
*

《기적을 부르는 뇌》의 저자이자 의학박사인 노먼 도이지Norman Doidge는 뇌의 가소성에 대해 이렇게 말합니다.

"뇌가 운동하면 자라는 근육과 같다는 말은 단순한 비유가 아닙니다."

근육과 마찬가지로 뇌도 사용할수록 발달합니다. 같은 생각을 반복하고, 같은 아이디어를 계속해서 머릿속으로 그려보며, 원하는 일을 수시로 상상하면 정말 그렇게 행동할 때처럼 뇌에 신경 연결망이 생겨납니다. 뇌 지도에 없던 길이 새로 만들어지는 거지요.

심리 훈련은 단지 우리의 기분을 좋게 하려는 주관적이고 심리적인 최면 유도제가 아닙니다. 명상과 같은 심리 훈련을 할 때 가장 먼저 일어나는 일은 실제로 뇌의 미시적인 구조가 바뀌는 것입니다.

그것은 뇌 안에서 화학적·구조적 변화를 일으키는 하나의 과정입니다. 즉 심리 훈련을 하는 순간, 실제로 마음이 뇌 속 물질을 변화시키는 겁니다.

그리고 뇌의 화학물질에 생긴 미세한 변화는 집중력과 기억력까지도 향상시킵니다.

명상이 뇌 지도를 바꿔놓는다는 이야기가 단순한 희망사항이 아닙니다.

소설을 읽으면
뇌기능이 활성화된다

책을 읽을 때 fMRI로 뇌의 상태를 촬영해보면 소설이나 철학 서적을 읽는 동안 좌뇌와 우뇌, 즉 뇌의 양쪽 영역이 모두 활발히 움직입니다.

읽고 있는 내용에 대해서 감정을 이입할 뿐만 아니라, 읽고 있는 내용과 이미 알고 있는 것을 연결하기 위해 양쪽 뇌가 바쁘게 움직이는 거죠.

이와 관련해 최근 에모리대학교 신경연구센터 그레고리 번스 Gregory Berns 박사가 〈뇌 연결성Brain connectivity〉에 발표한 기발한 연구 결과가 관심을 끕니다.

"소설을 읽으면 뇌기능에 상당한 변화를 일으키며, 이러한 변화는 소설을 읽고 난 후에도 여러 날 지속된다."

번스 박사는 먼저 5일 동안 매일 아침 대학생 12명의 뇌를 fMRI로 관찰했습니다.

쉬는 상태의 뇌를 확인하기 위한 실험이었습니다.

그런 다음 9일에 걸쳐 소설 책 한 권을 매일 저녁 30쪽씩 읽게 하고, 다음날 아침 fMRI로 뇌를 관찰했습니다.

＊
＊

연구팀이 고른 소설은 고대 이탈리아의 베수비우스 화산 폭발 이야기를 다룬 로버트 해리스의 스릴러 《폼페이》였습니다.

연구팀은 소설 읽기가 끝난 뒤에도 5일 동안 매일 아침 fMRI로 뇌를 살펴보았습니다.

실험 결과 흥미로운 변화가 확인되었습니다.

소설을 읽은 다음날 아침엔 언어의 감수성을 관장하는 뇌 부위인 왼쪽 측두엽의 신경 회로가 활성화되었습니다.

뿐만 아니라 1차 감각운동 영역인 중심구central sulcus도 활성화되었습니다.

책을 읽으며 소설 속 등장인물에 동화되어 걷고 달리는 동작을 떠올린 것에 우리 몸이 생물학적으로 반응한 것이라고 볼 수 있습니다.

주목할 것은 뇌를 촬영할 당시엔 책을 읽지 않았다는 사실입니다.

전날 저녁 독서의 영향이 다음날 아침까지 남아 있었던 거죠.

심지어 이러한 영향은 뇌 관찰을 계속한 5일 동안 지속됐습니다.

번스 박사는 이를 근육기억과 비슷한 '그림자 활동shadow activity'이라고 설명하며, "이와 같은 뇌 신경세포의 변화가 언제까지 지속되는지는 알 수 없다"고 말합니다.

그래도 최소 5일은 지속된다는 게 증명된 셈이지요.

연구팀은 또 "전체적인 실험 결과는 마음에 드는 소설을 읽었을 때 뇌 신경세포에 미치는 영향이 의외로 크고 오래 간다는 사실을 보여준다"고 말했습니다.

책은 텔레비전 영상이나 컴퓨터게임과 비교하면 아주 단조로운 자극으로 보이지만 실상 책을 읽는 행위는 뇌를 다방면으로 자극합니다.

글자의 음소를 보고 음절을 인식하고, 음절과 음절을 더해 단어를 파악한 다음에는 적절한 의미를 찾아내야 하지요. 또 같은 단어라도 맥락과 상황에 따라 의미에 미묘한 차이가 있기 때문에 어휘력은 물론 추론 능력을 필요로 합니다.

이러한 과정이 단어에서 문장으로, 문장에서 다시 문단으로 확대되면서 정보를 처리하고 이해하고 분석하고 기억하는 뇌의 다양한 영역을 자극합니다.

이렇게 뇌 신경세포를 반복적이고 지속적으로 자극하면 뇌세포가 활성화됩니다. 즉 뇌 신경세포가 건강하고 튼튼해져 잘 손상되지 않고 효율도 높아지죠.

텔레비전 영상이나 컴퓨터게임이 뇌의 고차원적인 활동은 억제하고 본능적인 쾌감만 자극하는 것과는 대조적입니다.

더욱이 이런 건강한 자극이 소설 읽기를 마친 뒤에도 최소 며칠씩 지속된다니 책 읽기만큼 좋은 뇌 운동도 드물다고 하겠습니다.

집중이 안 된다고 책을 밀쳐두거나 머리가 굳었다고 책을 멀리할 게 아니라 그럴수록 뇌를 운동시켜야 합니다.

좋아하는 소설을 골라 시작해보세요.

뇌는 소설 읽을 때의 느낌이 좋아 며칠씩 기억하고 있다지 않습니까.

브레이크아웃,
정서적 타성이 깨지는 순간

'브레이크아웃breakout'이란 과거로부터 지속되어 오던 정신적·정서적 타성이 깨지는 순간을 말합니다.

사람들이 힘겨운 일에 시달리고 있거나 삶의 문제로 고통받고 있을 때 "그만 잊어버려라", "집착을 버려라", "마음을 비우라" 등의 충고를 합니다.

언뜻 실효성 없는 충고로 들리지만 이렇게 집착을 버리는 자세가 문제를 해결하고 난관을 돌파하는 데 결정적인 도움을 준다는 사실이 과학적으로 증명되었습니다.

집착을 버린다는 것은 지금까지 상투적으로 해오던 정신적·정서적 패턴을 완전히 벗어던진다는 의미입니다.

낡고 오래된 생각의 패턴으로부터 벗어난다면 새롭고 창의적인 사고로 이어질 가능성이 큽니다.

하버드 의과대학 교수를 지낸 허버트 벤슨 박사는 이를 '브레이크아웃'이라고 불렀지만, 우리의 전통에도 이런 순간을 가리키는 말이 있습니다. '깨달음', '돈오', '견성' 같은 것이지요.

이렇듯 사고가 극적으로 방향을 전환하는 것은 어두운 내면세계에 광명이 비치는 것과 같습니다.

브레이크아웃이 일어나는 원인은 뇌와 신체 부위에서 발생하는 일련의 신경적·생화학적 과정에서 찾을 수 있습니다.

허버트 벤슨 박사에 따르면 브레이크아웃이 발생할 때 뇌의 전반적인 활동성은 낮아지는 반면 주의집중을 담당하고 공간 및 시간 개념을 각성하며 의사결정을 조정하는 뇌 부위 그리고 부교감 신경계를 관장하는 뇌 부위가 활성화된다고 합니다.

뇌의 역량이 주의나 각성을 담당하는 부위로 집중되고, 부교감 신경계가 신체를 편안한 이완 상태로 유지시켜주는 것입니다.

'안정적이면서도 동시에 활동하는' 모순된 상황이 벌어지는 셈이지요.

어떤 문제에 부딪쳐서 해결의 실마리를 찾지 못해 통제불능 상황이 될 때 누구나 스트레스를 받습니다.

풀리지 않는 문제를 끌어안고 끙끙대면 스트레스 호르몬인 코르티솔이 분비되어 뇌나 신체를 자극하고 대사활동을 높여 전투 자세에 돌입하게 됩니다.

즉 혈관은 수축하고 혈압은 상승하고 심장 박동은 빨라집니다.

*

이와 같은 스트레스 반응은 생산적인 결과로 이어지기보다 오히려 심신을 피폐하게 만듭니다.

불면증이 나타나고 두통, 요통, 근육통을 부릅니다. 심리적으로는 좌절감에 휩싸이고 매사에 의욕이 없습니다.

이때 과감히 문제에서 한발짝 떨어져 나와 몸과 마음을 쉬게 하면 불현듯 기발한 생각이 떠오를 수도 있습니다.

문제에 매달리기보다 몸과 마음을 쉬면서 뒤로 물러서 문제를 조망할 때 기존엔 하지 못했던 생각이 떠오르거나 보이지 않았던 실마리가 보인다는 겁니다. 직관력과 통찰력이 생기는 거죠.

앞으로 혹시 일이 잘 풀리지 않으면 애꿎은 손톱을 물어뜯거나 머리를 쥐어짜는 대신 따뜻한 물에 손을 씻어보세요. 더 좋은 방법은 가까운 공원이나 숲길을 산책하거나 조용한 장소에서 눈을 감고 잠시 명상을 하거나 기도를 해보는 겁니다.

눈앞에 있는 문제와 떨어져서 몸과 마음을 쉬게 해주세요.

잔뜩 긴장하고 있는 몸과 마음이 이완되면서 스트레스 호르몬 대신에 도파민이나 세로토닌, 엔도르핀 같은 행복 호르몬들이 분비될 것입니다.

거기서 그치지 않고 뇌와 세포에서 일산화질소가 분비되기 시작합니다.

이 물질은 우리 몸 구석구석으로 흘러가 혈관을 확대시키고 염증을 막아주고 대사 활동을 높이며 면역력을 키우는 것으로 알려져 있습니다.

2003년에 있었던 하버드 의과대학의 연구 결과에 따르면 심신이 극도로 이완될 경우 일산화질소가 분출됩니다. 일산화질소의 분출은 기분을 유쾌하게 하는 도파민, 세로토닌, 엔도르핀 같은 호르몬 분비로 이어져 통찰을 얻게 하고 창의성을 발현하게 하는 등 마치 심오한 영적 체험을 하는 듯한 의식 상태에 이르게 한다는 사실이 밝혀졌습니다.

이완반응 훈련이나 명상을 통해 일산화질소가 분출되면 미세혈관이 확장되어 혈압이 낮아지고 뇌가 효율적으로 작동합니다.

또한 도파민, 세로토닌, 엔도르핀 같은 신경전달물질의 방출을 촉진해 감정 상태를 긍정적으로 바꿔주지요.

어려운 문제를 해결하는 데 도움이 될 뿐만 아니라 고혈압, 불면증, 우울증, 만성통증 등에서 벗어날 수 있도록 실제적 도움을 줄 것입니다.

주의력을 키우는 '집중 명상'

주의력 모으기 훈련은 난이도가 높은 명상 훈련입니다.

하지만 앞에서 소개한 훈련부터 차근차근 해나간다면 그리 어렵지 않을 것입니다.

집중하려면 먼저 하나의 대상에 주의를 기울여야 합니다.

보통은 호흡에 집중하는 것으로 시작합니다.

흔들리는 마음을 붙잡아두기 위해 닻을 내리는 것이라고 생각하시면 적절합니다.

절에 가보면 사람마다 집중하는 방법이 다릅니다.

염불을 하는 사람이 있는가 하면 108배로 마음을 모으기도 하고 화두에 집중하기도 합니다.

방식은 제각각이지만 모두 지금 내 마음이 방황하지 않도록 붙잡아두려는 것입니다.

그렇지 않으면 머릿속이 망상에 휩싸여 몸만 고됩니다.

호흡에 집중한다면 숨을 들이쉴 때 '들' 하고, 내쉴 때 '토' 하면서 호흡 하나하나에 주의를 기울여보세요.

콧구멍에서부터 목구멍으로, 가슴으로, 아랫배로, 다시 아랫배에서 가슴으로, 목구멍으로, 콧구멍으로 공기의 흐름을 마음의 눈으로 살피면서 계속해보세요.

속으로 호흡을 세는 것도 망상을 피하고 집중을 이어가는 좋은 방법입니다.

호흡에 주의를 기울인 만큼 우리 뇌도 안정을 취할 것입니다.

뇌가 전체적으로 활용되면서 구석구석 깨어날 것입니다.

신경망이 더욱 강화되어 온전한 뇌로 발전해나갈 것입니다.

**

하나의 대상에 주의를 기울이기 시작했으면 주의를 지속할 수 있어야 합니다. 그러려면 먼저 방해 요소를 없애야 합니다.

명상에 들어가기 전에 전화선을 빼놓거나 휴대전화 전원을 꺼놓고 시작했어도 여전히 주의가 산만해집니다.

잡념은 어쩔 수 없이 나타나게 마련입니다. 이것은 자연스러운 현상입니다. 잡념이 없기를 바라지 마세요. 다만 잡념에 빨려들어가지 않으면 됩니다.

잡념은 마치 파도처럼 끝없이 밀려오고 또 이내 사라집니다.

밤하늘에 별똥별이 불현듯 나타났다 사라져버리는 것처럼 마음속 잡념들도 끊임없이 생겼다가 사라집니다.

이러한 과정은 우리가 살아 있는 동안 한없이 계속됩니다.

그때마다 '잡념이 생겼구나' 알아차림 하고 내려놓으면 그만입니다.

이렇게 마음을 열어놓으면 그동안 억압되어 무의식 속에 가라앉아 있던 암묵기억이 의식 선상으로 떠오를 것입니다.

밑에 가라앉아 있던 암묵기억이 수면 의식으로 차고 올라오는 것입니다.

이때 억누르거나 방어하려고 하지 말고 가만히 지켜보세요.

기억이 저절로 물러날 때까지 거리를 두고 지켜보다가 잡념에 휩쓸릴 것 같으면 속으로 이렇게 말해보세요.

'나는 명상을 하고 있는 중이야. 지금은 명상에 집중하고 싶어.'

이렇게 다짐함으로써 전전두피질에 명상을 계속해야 한다고 자신의 의도를 확인시키는 겁니다.

그러면 뇌 속 신경들이 합동으로 작용해 일단 잡념을 보류하고 의도한 대로 마음을 집중할 수 있도록 도와줄 것입니다.

**

의도가 분명하면 그렇지 않을 때보다 집중이 잘 됩니다.

따라서 집중해야 하는 목적을 구체적으로 밝히고 자주 그 목적을 환기시킬 필요가 있습니다.

그렇게 함으로써 우리 뇌에서 계획과 의도를 담당하는 전전두 피질을 자꾸 단련시켜야 합니다.

의도를 구체적인 말로 중얼거리는 것도 좋은 방법입니다.

명상을 하려는데 집중이 잘 안 되면 뇌에게 바라는 바를 다음 과 같이 말해보세요.

"마음이 안정되기를……."

"지금 이 순간에 집중할 수 있기를……."

"마음이 평화롭기를……."

"우리 가족과 세상사람 모두가 행복하기를……."

마음에 품었던 생각을 이렇듯 말로 분명하게 표현하면 전전두피 질이 자극을 받아 다른 생각을 물리칩니다. 가야 할 길이 분명해 졌으니 정신이 번쩍 들게 됩니다.

명상할 때 호흡을 세는 것도 의도를 되새기려는 목적이 있습니다.

뇌가 호흡에 집중하도록 묶어두려는 것입니다.

잡념이 떠올랐을 때는 알아차림 해야 합니다.

그때마다 '잡념이 떠올라도 괜찮아' 이렇게 생각하고 집중의 대 상으로 돌아가세요.

잡념이 떠오르는 것을 알아차림 하는 것이 무엇보다 중요합니다.

이것은 전방대상피질의 역할이지요.

집중하기가 너무 어려운 사람은 휴대전화를 이용해 10분 혹은 15분마다 진동이 울리도록 설정하는 것도 방법입니다.

잡념이 아무리 많은 사람이라도 최소 10~15분마다 정신을 차릴 수 있을 것입니다.

집중력이 조금씩 늘어나 진동 간격을 점점 벌릴 수 있다면 성취감이 적지 않을 것입니다.

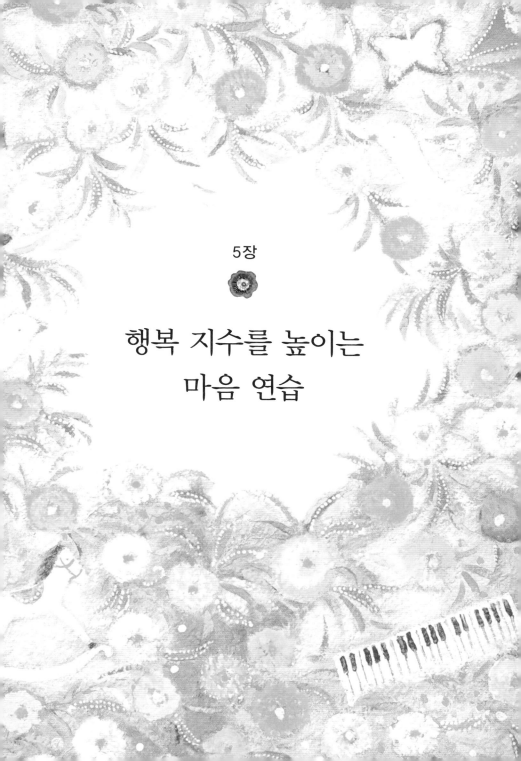

5장

행복 지수를 높이는
마음 연습

하버드 의대 보고서,
'명상이 뇌 구조를 바꾼다'

2006년 1월 하버드대학교 학보에는 '명상이 뇌 구조를 바꾼다'는 내용의 기사가 실렸습니다.

명상을 한 사람은 그렇지 않은 사람에 비해 뇌 부피가 커진다는 게 기사의 핵심이었습니다.

특히 주의집중과 감각정보 처리를 담당하는 뇌피질의 뇌회질gray matter 부위가 더 두꺼워진다고 해서 많은 주목을 받았습니다.

회질은 우리 뇌를 감싸고 있는 피질 중 연상과 주의집중에 관여하고 감각정보를 처리하는 신경세포의 세포체cell body가 밀집되어 있어 회색빛을 띠는 부위입니다.

뇌피질은 우리 뇌에서 사고를 담당하며 최고사령부 역할을 하는 곳입니다.

나이가 들면서 뇌피질이 점점 얇아지는 게 보통인데, 명상을 통해 두꺼워졌다는 것은 그곳에 몰려 있는 세포체가 커지거나 양적으로 증대됐다는 의미지요.

명상으로 자연스러운 노화를 거스르고 뇌 기능을 강화시킬 수 있다는 과학적 근거입니다.

＊

하버드 의과대학과 매사추세츠 종합병원의 심리학자인 세라 라자르Sara Lazar 박사가 주도한 이 연구의 큰 틀은 명상 집단과 통제 집단의 뇌 영상을 비교하는 것이었습니다.

이 실험에는 백인 35명이 참여했는데, 명상 집단 20명 중 4명만이 건강관리 목적으로 요가명상을 경험해본 적이 있고, 나머지 16명은 명상 경험이 전혀 없었습니다.

직업은 법률, 신문·방송, 건강 등 다양한 분야의 전문가 집단이었습니다.

이들은 하루 40분씩, 짧게는 수십 일에서 길게는 1년 정도 명상 훈련에 참여했습니다.

주로 마음챙김mindfulness 명상을 했습니다.

마음챙김 명상이란 지금 이 순간, 여기에 나타나는 것을 알아차림 하는 심리 훈련입니다.

그것은 소리일 수도, 잡념일 수도, 신체 감각일 수도 있습니다.

그것이 무엇이든 있는 그대로 알아차리면 됩니다.

라자르 박사는 "감각 경험에 대한 '생각'보다는 감각 경험 '그 자체의 체험'에 주의를 기울이는 것이 마음챙김 명상의 목적이다"라고 설명했습니다.

만약 오래 앉아 있어서 다리가 저리면 저린 다리의 감각에 주의를 기울이면 됩니다.

'왜 벌써 다리가 저리지?'

'지금부터 어떻게 견디지?'

이런 불만과 걱정을 배제하고 오직 몸의 감각에만 관심을 모으는 겁니다.

아무것도 느껴지는 게 없다면 호흡에 집중하면 됩니다.

또 화가 났을 때는 화난 이유를 따라가지 말고 그냥 화난 마음만 바라보면 됩니다.

'화가 나는구나!'

'화와 함께 이런 생각이 올라오는구나!'

관찰자가 되어 화를 바라볼 뿐, 우리 자신이 '화'가 되어서는 안됩니다.

이런 훈련을 받은 후 fMRI로 뇌를 촬영할 때 명상 집단은 명상을 계속했습니다.

반면 통제 집단은 몸을 눕히고 이완한 채 무엇이든 생각하도록 했습니다.

촬영 결과 명상에 참여한 사람들은 대부분 뇌 구조에 변화가 있었습니다.

이마 쪽에 해당하는 전전두피질과 전방 뇌도 피질이 두꺼워졌습니다. 전전두피질은 이성적 사고를 담당하는 곳이고, 뇌도는 공감을 담당하는 피질이지요.

라자르 박사는 연구 결과에 대해 이렇게 설명합니다.

"명상 훈련을 하기 전에는 두 집단의 뇌 구조에 별다른 차이가 없었지만 명상 훈련을 마친 후 뇌 두께에서 두 집단 간에 뚜렷한 차이가 나타났다는 점에서 명상 경험에 따른 결과라고 결론지을 수 있다. 또한 성인의 경우에도 명상과 같은 심리 훈련을 통해 인지, 정서 그리고 행복을 담당하는 뇌피질의 가소성이 자극받을 수 있다는 중요한 사실을 암시한다."

*
*

라자르 박사는 오랫동안 직접 마음챙김 명상을 하면서 유익한 변화를 체험했다고 합니다. 그런 까닭에 명상의 효과에 대해 다음과 같이 자신 있게 말합니다.

"명상 수행은 스트레스를 감소시키고, 사고가 명료해지도록 하며, 어려운 상황에 처했을 때도 주의를 집중시켜 쉽게 무너지지 않고 인내심을 높일 수 있게 우리를 도와준다."

마음챙김 명상은 때와 장소를 가리지 않고 시도할 수 있습니다.

평소 우리 머릿속에는 잡다한 생각이 수도 없이 떠돌아다닙니다.

마음챙김 명상은 그런 시시콜콜한 생각에 끌려다니지 않도록 우리를 꼭 붙잡아줍니다.

혹시 망상에 끌려갔다가도 금방 제자리를 찾게 도와주지요.

지금 이 순간 나에게 일어나고 있는 감각, 감정, 생각에 주의를 집중함으로써 과거에 대한 미련, 미래에 대한 걱정과 두려움을 밀어내는 겁니다.

그렇게 마음을 단련하면 의식이 명료해지고, 상쾌해질 뿐만 아니라 불안과 긴장, 우울감과 분노 같은 부정적 생각이 눈에 띄게 줄어드는 것을 경험하게 될 겁니다.

새로운 '뇌 지도' 만들기

만약 우리가 며칠 동안 오른손을 쥐었다가 폈다 하기를 반복한다면 오른손을 관장하는 부위의 뇌 지도가 확장될 것입니다.

하지만 우리가 오른손 대신에 왼손을 쥐었다 폈다 반복하는 것으로 바꾼다면, 오른손을 담당하는 뇌 지도는 줄어들고 왼손을 담당하는 뇌 지도는 확장될 것입니다.

노먼 도이지 박사가 말했듯이 뇌는 근육과 같습니다.

근육은 더 많이 쓸수록 더 발달합니다. 반대로 쓰지 않으면 위축되어 작아집니다.

그러므로 우리가 생각하는 방식을 바꿀 때마다, 예전방식으로 생각하던 것을 담당하는 신경 회로는 점차 약해지고 새로운 방식으로 생각하는 신경 회로가 발달하기 시작합니다.

고통의 치유라는 것은 기억의 장치를 잘 활용해서 아픈 상처를 치유하는 것을 말합
니다. 긍정적 경험은 부정적 경험을 완화하고 대신할 수가 있습니다. 긍정적 경험을
자꾸 강화해가면 부정적 경험은 점점 약해져 마침내 어둠이 물러가고, 밝음으로 바
꾸게 됩니다.

만약 항상 무언가를 불평한다고 가정해봅시다. 부정적인 생각과 감정을 처리하는 신경 회로로 가득한 뇌 지도가 발달할 겁니다.

하지만 이 책을 읽고 난 후에 세상을 밝고 긍정적으로 바라보기로 마음먹고 실천에 옮긴다면, 생각이 우리의 뇌나 신체에 영향을 미친다는 사실을 확인하게 될 것입니다.

긍정적인 생각과 감사하는 마음 습관을 만들면 뇌가 그 변화에 반응할 것입니다. 그리고 머지않아 새로운 뇌 지도가 만들어져 결국에는 더 많은 노력을 할 필요가 없을 것입니다.

새로운 태도가 뇌에 연결되어 습관이 되는 겁니다.

＊
＊

그렇다면 이미 익숙한 생각의 패턴들을 어떻게 바꿀 수 있을까요?

불행히도 절대적이고 즉각적인 효과를 발휘하는 기적의 약물 같은 것은 없습니다. 다만 우리가 일상생활에서 조금씩 노력하다 보면 '뇌 지도'에 행복으로 가는 길이 하나씩 추가 될 것입니다. 그러다보면 차츰 뇌가 바뀌게 됩니다.

긍정적 경험을 강화하고 어둠을 걷어내는 방법은 크게 3단계로 나눠 살펴볼 수 있습니다.

1단계, 일상생활의 아주 사소한 것에서도 즐거움을 찾는 연습을 해봅니다.

2단계, 긍정적 경험을 음미하다보면 머릿속에 새로운 뇌 회로가 만들어지고 계속해서 긍정 회로로 뇌를 채워갑니다.

3단계, 긍정적 경험이 암묵기억 속에 꽉 차 들어가 무의식 창고를 긍정적으로 바꾸어놓습니다.

고통의 치유라는 것은 기억의 장치를 잘 활용해서 아픈 상처를 치유하는 것을 말합니다. 긍정적 경험은 부정적 경험을 완화하고 대신할 수가 있습니다.

긍정적 경험을 자꾸 강화해가면 부정적 경험은 점점 약해져 마침내 어둠이 물러가고, 밝음으로 바뀌게 됩니다.

긍정적 기억을 만들어갈 때는 모든 경험을 다 기억하는 게 아니라 주된 장면, 즉 줄거리만 기억하면 됩니다.

세세한 내용은 나중에 시뮬레이션을 통해 적당하게 스토리텔링을 해가면 됩니다. 기억 줄기에 이파리를 다는 거지요. 긍정적인 줄기를 만들어놓으면 그 줄기에 맞는 긍정적인 이파리를 차차 붙여나갈 수가 있습니다.

그렇게 해서 우리 기억창고 속에 좋은 기억을 꽉 채워놓으면 필요한 순간에 긍정적인 기억이 재현되는 거죠. 미세한 회로를 통해서 정서적 색채가 바뀌는 겁니다.

보통은 부정적 기억이 더 강하기 때문에 이렇게 애써 노력하지 않으면 부정적인 기억이 먼저 튀어나오겠지요.

새로운 정서 패턴을 형성할 때, 해마와 편도체가 불쾌한 것을 주로 기억하려고 하는데, 이러한 성향을 억눌러야 합니다. 긍정적인 정서 패턴을 만들어놓고 기억이 활성화할 때 밝고 긍정적 내용이 먼저 치고 들어가도록 신경 구조를 바꾸어야 합니다.

＊
＊

뇌는 아동기 때 가장 취약합니다. 다르게 표현하면 가소성이 크다고 할 수 있죠. 이때 도장을 잘 찍어 넣어주면 행복한 뇌로 바뀌지만 자칫 낙인을 찍어버리면 뇌가 그 상태에서 잘 안 바뀌어요. 그래서 아이들의 머릿속에 좋은 기억을 많이 넣어줘야 합니다.

일기도 가능하면 좋은 경험을 기록하도록 도와주세요.

부모로선 아이가 잘못한 일을 반성하고 개선하기를 바라지만, 굳이 일기에까지 글로 남겨 부정적인 경험을 강화시킬 필요는 없습니다. 죄책감이 더 커질 수도 있습니다.

좋은 경험을 자꾸 기록으로 남겨 긍정적인 기억이 강화되면 부정적인 성향은 저절로 물러가게 되어 있습니다.

그렇다고 아이 일기를 몰래 보거나 검사하지는 마세요. 긍정적인 기억을 강화하는 것보다 더 중요한 건 자기감정에 솔직해지는 겁니다.

부모가 일기를 검사한다는 걸 의식하면 아이는 부모가 좋아할 만한 내용으로 채웁니다.

자기감정을 외면하고 이중성을 보일 수 있습니다.

행복은 특별한 계기가 있어야만 찾아오는 게 아니라 일상에서 스스로 느끼면 되는 거란 걸 아이들이 은연중 배우게 해주세요.

애완용 강아지와 함께 장난칠 때, 엄마나 아빠가 안아줄 때, 친구들과의 축구 시합에서 한 골 넣거나 막았을 때 등등.

이런 모든 것들을 즐겁고 행복한 기억으로 머릿속에 새기도록 어른들이 도와줘야 합니다.

좋았던 기억을 자꾸 떠올리며 추억하도록 하면 아이들의 뇌가 긍정적으로 가꿔집니다.

우리 뇌는 부정적인 성향이 강합니다. 따라서 아이들에게 온갖 두려움과 걱정, 부정적인 경험을 어른들이 나서서 강요한다면 눈에 보이지는 않지만 심각한 상처를 남길 수도 있습니다.

반면에 고통스러울 수도 있는 삶의 경험도 만족스럽고 행복한 기억으로 바꿔 저장할 수 있습니다.

그러기 위해서는 누구보다 어른인 부모가 먼저 긍정적으로 생각하고 행복에 넘쳐야 합니다. 아이들에게 긍정의 에너지가 전달될 수 있게 말입니다.

39번 뇌세포에서 찾아낸
아인슈타인의 비밀

"신경가소성은 진화가 낳은 가장 위대한 산물이다."

하버드대학교의 신경과학자 레온 박사는 신경가소성에 대해 이렇게 평가합니다.

신경가소성 덕분에 평생에 걸쳐 신경 조직에서 일상적으로 변화가 일어나고 타고난 유전자의 한계를 극복하며 환경과 경험, 생리적 변화에 적응할 수 있으니까요.

더군다나 강렬하고 반복적인 경험만이 아니라 생각이나 상상만으로도 뇌를 바꿀 수 있습니다. 명상을 포함한 체계적인 심리 훈련을 한다면 뇌를 더욱 적극적으로 변화시킬 수 있겠지요. 아주 고무적인 일입니다.

이런 의미에서 아인슈타인은 전 생애에 걸쳐 치열하게 두뇌 훈련을 한 대표적인 인물이자 가소성의 힘을 보여준 놀라운 인물이라 할 수 있습니다.

＊
＊

위대한 물리학자 아인슈타인의 뇌는 보통 사람들과 어떤 점이 달랐을까요?

상대성이론을 발표한 아인슈타인은 1955년 76세 나이로 숨졌습니다.

부검을 맡은 프린스턴대학교의 병리학자 토머스 하비Thomas Harvey는 아인슈타인의 뇌를 240개 조각으로 나눠 연구했습니다.

뇌를 나누기 전에 측정한 무게는 약 1.2킬로그램으로 성인 남성의 평균인 1.4킬로그램보다 가벼웠습니다.

머리(뇌)가 커야 지능이 뛰어날 거란 통념을 깨뜨리는 결과였죠.

그것 말고는 별다른 점이 없었던 걸까요?

1980년대 중반 버클리 캘리포니아대학교의 해부학 교수인 메리언 다이아몬드Marian Diamond 박사는 하비가 보내준 아인슈타인의 뇌 조각을 연구했습니다.

아인슈타인과 같은 나이에 사망한 평범한 남자 11명의 뇌와 아인슈타인의 뇌를 해부학적으로 비교하는 흥미로운 실험이었습니다.

그런데 모두의 예상과 달리 아인슈타인의 뇌는 평범한 사람들의 뇌와 아주 유사했다고 합니다.

다만 한 가지 두드러진 특징이 있었습니다.

정수리 뒤쪽의 두정엽과 측두엽이 만나는 부위의 뇌세포가 평범한 사람에 비해 유의미한 정도로 많았던 겁니다.

다이아몬드 박사는 이를 매우 의미심장하게 받아들였습니다.

특징이 발견된 부위가 뇌과학자들이 사람의 뇌 가운데 가장 진화했다고 보는 영역이었기 때문입니다.

해부학적으로는 '브로드만 39번 영역'이라고 하는 이 부위가 손상되면 추상적인 심상 능력, 즉 기억력, 주의력, 자각 능력 등에 심각한 장애가 나타나 글자를 읽지 못하게 되거나 뜻을 이해하지 못하게 됩니다. 글자를 쓰거나 계산하는 일도 불가능해집니다. 시각적·청각적·촉각적 자극을 통합하는 데도 어려움을 겪습니다.

39번 영역 손상이 이처럼 치명적인 장애를 유발하는 것은, 39번 영역이 거의 모든 고등정신 능력을 통합적으로 관장하기 때문입니다.

*
*

다이아몬드 박사는 아인슈타인의 뇌 39번 영역에 '교세포glia cell'가 특히 많다는 사실을 발견했습니다. 뇌에서 사고를 담당하는 신경세포(뉴런)를 지탱하고 자양분을 제공하는 게 바로 교세포입니다.

아교풀처럼 끈적끈적한 성질로서 뇌세포를 지지해주는 것이지요. 이 교세포는 신경세포보다 약 10배 더 많습니다.

아인슈타인의 뇌 39번 영역에는 교세포가 일반 남성에 비해 2배 가까이 많았다고 합니다.

그렇다면 아인슈타인은 특별히 사고에 유리한 뇌를 타고난 걸까요?

다이아몬드 박사는 그렇게 생각하지 않았습니다. 아인슈타인의 사고 담당 뇌세포가 일을 엄청나게 많이 했기 때문에 '필요에 의해서' 혹은 '결과적으로' 교세포가 발달했다고 보았습니다.

제 생각도 마찬가지입니다. 아인슈타인이 천재 물리학자가 될 수 있었던 것은 세상에 대한 끊임없는 호기심과 상상력 그리고 지칠 줄 모르는 탐구정신으로 자신의 뇌를 잘 훈련하고 활용했기 때문에 이 기능을 관장하는 특정 뇌피질 부위인 39번 영역이 발달한 것이지요.

아인슈타인은 명성이 높아진 뒤에도 여행을 할 때면 열차의 3등석을 이용하는 등 특별대우를 마다했다고 합니다. 3등석에서는 기대하지 않았던 수많은 친구들을 만날 수 있는데, 그런 소탈하고 친근한 분위기를 포기하고 2등석이나 1등석으로 간다면 새로운 친구들을 잃어버릴 것이라면서요.

아인슈타인이 했던 말을 되새겨봅니다.

"나에겐 특별한 재능이 없다. 단지 모든 것에 열렬한 호기심이 있을 뿐이다."

나이 들면 무조건
고리타분해진다는 편견

나이 들면 무조건 폐쇄적이고 둔감해진다는 생각은 과학적으로 사실일까요? 혹시 잘못된 편견에 불과하지 않을까요?

아인슈타인의 뇌 비밀을 밝혀낸 다이아몬드 박사는 신경해부학 분야에서 중요한 연구를 많이 했습니다.

특히 건강한 생활습관을 유지하고 정신적 활동을 계속하면 나이에 상관없이 뇌가 발달한다고 믿었습니다.

노년에도 머리를 꾸준히 사용하면 젊은이 못지않은 건강한 뇌를 유지할 수 있다고 생각했지요.

다이아몬드 박사는 이러한 생각을 동물 실험으로 증명해보고 싶었습니다.

그래서 같은 대학의 심리학자 마크 로젠즈바이크Mark Rosenzweig

박사와 공동 연구를 시작했습니다.

로젠즈바이크 박사는 후천적 환경 요인이나 경험을 통해 뇌의 구조나 기능을 변화시킬 수 있다는 사실을 쥐 실험을 통해 여러 차례 밝혀낸 바 있습니다.

쥐의 뇌피질은 인간의 뇌와 달리 잔주름이 잡혀 있지 않고 평평합니다. 그래서 후천적 자극이 뇌에 일으키는 변화를 살펴보기 쉽습니다.

＊

연구팀은 유전적 혈통이 동일하고, 같은 날 젖을 뗀 새끼 쥐들을 무작위로 골라 각기 다른 세 환경에 배정했습니다.

하나는 같은 또래의 쥐 세 마리와 함께 생활하며 물과 음식물을 제공받는 표준 환경입니다.

또 하나는 뜀틀, 쳇바퀴, 사다리, 미로 같은 놀이시설을 갖춘 좀더 넓은 사육 상자에서 12마리의 동료 쥐와 함께 생활하며 충분한 음식물은 물론 매일 새로운 장난감을 제공받는 등 자극이 풍요로운 환경입니다.

마지막 하나는 표준 환경보다 좁고 놀이시설이나 장난감은커녕 동료 친구도 없는 사육 상자에서 혼자 생활하는 궁핍한 자극 환경입니다.

이렇게 각기 다른 세 환경에서 1년 정도 사육한 후 성년기가 된

쥐들의 뇌 무게를 비교해보았습니다.

그 결과 자극이 풍요로운 환경에서 자란 쥐는 표준 환경이나 궁핍한 환경에서 자란 쥐에 비해 뇌 무게가 10퍼센트가량 더 무거웠습니다.

이제는 일반 심리학 교과서에 실릴 정도로 유명한 연구이지만, 처음 세상에 알려졌을 때 대부분의 신경과학자들은 믿으려고 하지 않았답니다.

후속 연구에서 더욱 놀라운 사실이 밝혀졌습니다. 실험쥐들이 노화로 자연사한 뒤 뇌를 검사해봤습니다.

풍요로운 자극 조건에서 자란 쥐는 궁핍한 자극 조건의 쥐에 비해 39번 영역이 16퍼센트 정도 더 컸다고 합니다.

뇌의 다른 영역은 성년기 때 무게로 확인된 것처럼 10퍼센트 정도만 더 컸는데, 고등정신 기능을 담당하는 39번 영역에서 유독 차이가 벌어졌던 겁니다.

이와 같은 결과는 어린 쥐가 아니라 나이 많은 쥐를 상대로 동일한 실험을 진행했을 때도 똑같이 나타났습니다.

그렇다면 늙은 쥐와 젊은 쥐를 함께 사육하면 어떤 결과가 나타날까요?

버클리대학교 연구팀은 늙은 쥐 4마리를 젊은 쥐 8마리와 합사시켰습니다. 그 결과가 아주 흥미롭습니다.

늙은 쥐들은 또래들과 어울리지 않고 젊은 쥐들 하고만 놀았습니다.

그 사이 늙은 쥐의 뇌 무게는 평균 10퍼센트 늘었습니다.

그런데 젊은 쥐의 뇌 무게엔 변화가 없었습니다. 왜 그랬을까요?

자극에 대한 반응과 호기심에서 차이가 났기 때문입니다.

연구팀은 실험쥐들의 호기심을 자극하고 사고 발달을 촉진하기 위해 매일 아침 장난감을 새로 교체해주고 반응을 살폈습니다.

늙은 쥐는 새로운 장난감에 적극적으로 호기심을 보이며 건드리고 조작도 한 반면, 젊은 쥐는 새로운 장난감에 별다른 관심을 보이지 않고 한쪽 구석에 쭈그리고 앉아 잠만 자는 경우가 더 많았습니다.

이와 같은 반응을 보고 다이아몬드 박사는 "노교수가 연단 위에서 열정적으로 강의를 하면서 자극을 주는데도 젊은 학생들이 웅크려 잠자는 모습과 매우 흡사하다"고 농담했습니다.

연구팀은 사육 상자에서 장난감이나 놀이시설 같은 사고를 자극하는 물건들을 모두 치워버리면 뇌가 위축된다는 사실도 발견했습니다.

환경 자극을 없애고 궁핍한 환경에 격리해 사육했더니 변연계 부위가 무려 25퍼센트나 줄어들었다고 합니다.

변연계에는 뇌에서 기억창고 기능을 담당하는 해마가 있습니다.

이러한 실험 결과를 통해 노화에 따른 기억 손상이 지적 자극을 경험할 기회가 줄어드는 것과 밀접한 관련이 있다는 해석이 가능합니다.

나이 들수록 더 자주 지적 자극에 노출되고, 즐거운 놀이에 적극적으로 참여하는 편이 뇌 장수를 위해 유익할 것입니다.

*
*

버클리대학교 연구팀은 풍요로운 환경 조건이 뇌 성장에 미치는 영향을 좀더 미시적 수준에서 분석해보았습니다.

자극이 풍부한 환경과 궁핍한 환경에서 사육한 쥐들의 신경세포를 비교해본 겁니다.

신경세포는 평생에 걸쳐 나뭇가지처럼 생긴 돌기들을 다른 신경세포 쪽으로 계속 뻗어가면서 서서히 발달합니다.

그래서 수지상樹枝狀돌기라고도 하는데, 새로운 정보를 학습할 때마다 새로운 가지가 뻗어나가고, 이 새로운 가지는 또 다른 잔가지를 뻗습니다. 이 잔가지 위에는 이파리처럼 가시 같은 작은 돌기가 돋아납니다.

연구팀이 살펴본 결과 하나의 신경세포에서 처음 뻗어나온 수지상돌기는 집단 간에 차이가 없었습니다.

두 번째, 세 번째, 네 번째 그리고 다섯 번째 뻗어나온 수지상돌기까지도 별다른 차이가 관찰되지 않았습니다.

그런데 여섯 번째 뻗어나온 가지는 달랐습니다. 자극이 풍부한 집단의 것이 궁핍한 집단에 비해 유의미하게 더 길었습니다.

앞에서 언급했듯이 신경세포는 뇌에서 사고 기능을 담당합니다.

풍요로운 자극을 통해 신경세포에 변화를 줄 수 있다는 이 실험 결과에 대해 연구팀은 다음과 같은 결론을 내렸습니다.

"우리는 젊든 늙든 학습을 계속할 수 있다. 뇌는 어떠한 연령에서도 변화될 수 있다. 우리 인간은 배아기에 마치 공처럼 생긴 하나의 신경세포로부터 시작된다. 이 신경세포는 새로운 것을 학습하면서 첫 가지를 뻗는다. 계속해서 가지를 뻗어가면서 지식을 모아 점점 독창적인 모습으로 발전해간다. 점점 더 이상적이고 관용적이며 이타적으로 변해간다. 우리에게 지혜를 주는 것은 바로 여섯 번째 수지상돌기인 것이다."

배우기를 포기하지 않는 사람에게만 찾아오는 아름다운 선물인 셈입니다.

젊은 뇌를 유지하는 사소한 습관

    나이가 들수록 몸의 근육이 줄어들고 순발력이 떨어지듯 우리의 두뇌 기능도 퇴화합니다. 계산 속도는 느려지고, 기억력과 집중력은 약해지며, 융통성이 줄어들 수도 있지요.

    안타깝지만 이것은 노화에 따른 자연스러운 현상으로 약간의 시간 차이는 있겠지만 누구나 언젠가는 겪게 되는 현상입니다.

    반면 나이가 들수록 더 나아지는 능력도 있습니다.

    지식과 경험이 쌓이면서 판단력이나 종합적인 사고력은 좋아집니다. 그러다보니 젊은 시절 일을 처리하는 속도와도 별 차이가 없습니다.

    집중력이나 융통성은 약간 부족할지 모르지만 축적된 경험으로 실수를 줄이고 뛰어난 직관력으로 불필요한 단계를 거치지 않아 젊은 사람들에게 뒤처진 속도를 따라잡을 수 있기 때문입니다.

그럼에도 우리는 젊은 시절의 체력이나 몸 상태를 그리워하듯 나이 들수록 점점 약해져가는 두뇌 능력을 못내 아쉬워합니다.

*
*

근력 운동으로 몸의 근육을 탄탄하게 단련시키는 것처럼 인지 능력을 훈련하여 두뇌의 노화를 막을 수는 없을까요?

1989년 하버드대학교 연구팀은 재미있는 실험을 했습니다.

연구팀은 70세 이상의 지원자들을 시골 수련원으로 데려가서 일주일 동안 마치 1959년으로 되돌아간 것처럼 살아볼 것을 요구했습니다.

연구팀은 지원자들이 몰입할 수 있도록 수련원의 외부 조건을 30년 전인 1959년 상황 그대로 재현했습니다.

1959년에 유행한 음악이 흘러나왔고, 1959년에 발행된 잡지가 있었으며, 심지어 TV에서는 1959년에 녹화된 프로그램이 방영되고 있었습니다.

지원자들은 1950년대 옷을 입고 있고, 1959년 당시의 화제와 사건들에 대해 이야기를 나누었습니다.

실험을 시작할 때 연구팀은 지원자들의 키와 손가락 길이, 힘, 정신적 인식력, 시력 등 여러 가지 생리학적 지표를 측정했습니다.

수련원에서 일주일 동안 지낸 후 연구팀은 생리학적 지표를 다시 측정했습니다.

이 실험으로 연구팀은 정말 놀라운 사실을 발견하게 됩니다.

지원자들은 단지 약 30년의 세월을 거슬러 젊어진 것처럼 행동했을 뿐인데, 실제 생리학적으로 몇 년 더 젊어진 수치가 확인된 것입니다.

열흘 사이에 키가 더 자랐고, 손가락이 더 길어졌으며, 정신적 기능이 향상되었고, 시력 또한 좋아졌습니다.

지원자들 중에는 정신적·생리학적으로 무려 25년이나 젊어진 사람도 있었습니다.

이런 연구 결과는 우리가 우리 뇌를 어떻게 사용하고, 어떤 마음가짐으로 살아가야 하는지를 잘 보여줍니다.

＊

이와 같은 실험에 참여하거나 수련원에 입소하지 않아도 젊어진 듯 행동하며 뇌를 단련시킬 방법이 있습니다.

화초 기르기나 퍼즐 맞추기, 춤, 외국어 학습 등 정신을 집중하면서 보람을 느낄 수 있는 것이면 무엇이든 뇌 훈련이 됩니다.

그중 외국어 학습은 이해와 암기를 필요로 하기에 학창 시절 이후엔 선뜻 시도하기 어렵습니다. 그러나 새로운 언어를 배울 때 모습을 가만히 생각해보세요. 생애 처음으로 말을 배우는 아이처럼 행동해야 할 때가 많습니다.

"나는 학생입니다."

"우리 가족은 4명입니다."

"나는 영화 보는 것을 좋아합니다."

외국어 학습에서 가장 많이 사용되는 역할놀이 또한 내가 아닌 나, 특히 지금보다 더 어리고 예의 바르고 긍정적인 모습의 나를 연기하도록 부추깁니다. 70대 노인이 30년 전으로 돌아가는 것은 일도 아니지요.

돌아보면 학생일 때가 가장 싱그럽지 않습니까?

적당한 공부 스트레스로 뇌를 자극한다면, 한결 젊고 건강하게 생활할 수 있습니다.

*
*

〈미국 의학협회지〉에 실린 연구에 따르면 평균적으로 꾸준히 인지 활동을 하는 사람은 그렇지 않은 사람보다 치매에 걸릴 위험이 47퍼센트나 낮은 것으로 밝혀졌습니다.

많은 성인들이 나이가 들면서 뇌 기능이 현저히 감소한다고 굳게 믿은 나머지, 부정적인 자기암시에 빠져 결국 행동 방식마저 바꿔버립니다.

젊게 사는 대신 노인처럼 행동하기 시작합니다. 그리고 어느새 진짜 노인이 되고 맙니다.

나이 드는 것을 자연스럽게 받아들이고 수용하는 것은 인생을 살아가는 데 무척 중요한 부분입니다.

그러나 혹시 '나이 들면 이래야 한다'는 세상의 편견이나 통념에 사로잡혀 스스로 폐쇄적이고 둔감해지는 길을 선택한 것은 아닌지요?

어쩌면 노화를 지나치게 의식한 탓에 사회 통념대로 살아야 한다는 강박관념이 뇌리에 깊이 박혀 있는지도 모릅니다.

하지만 노화는 문화적인 것이라고 주장하는 연구자들도 있습니다. 우리가 사람들의 기대에 들어맞는 속도로 늙는 것은 전통문화나 편견, 노화에 대한 오해 때문이라는 거죠.

실제로 연구 결과에 따르면 90대까지 건강하게 살았던 대부분의 사람들은 마지막 순간까지 정신적으로 활기찬 삶을 살았습니다.

우리 스스로 90세가 넘어도 여전히 활동적이고 건강하리라 믿는다면, 그리고 지혜와 연륜을 가진 사회 어른으로서 젊은이들과 적극적으로 소통한다면 정신적으로나 신체적으로 훨씬 행복하고 활기찬 노후를 보낼 수 있을 것입니다.

21일의 법칙,
뇌가 새로운 습관을 받아들이는 시간

'21일의 법칙'이라는 게 있습니다.

뇌가 새로운 습관을 받아들이기까지 최소 21일이 걸린다는 주장입니다.

여기서 21일은 생각이 대뇌피질에서 뇌간까지 내려가는 최소한의 시간을 가리킵니다.

뇌간은 호흡, 체온, 혈압 같은 생명유지 장치를 관장하는 곳으로 다른 뇌 부위가 손상될 경우 장애를 입지만, 뇌간 손상은 죽음과 직결됩니다.

생각이 뇌간에 이르면 그때부터는 심장이 뛰어 온 몸에 피를 공급하는 것처럼 자연스러운 습관으로 몸에 뱁니다.

아무리 좋은 생각, 좋은 의도를 가졌더라도 최소 21일은 반복적으로 실천해야 뇌가 비로소 길을 내준다고 볼 수 있습니다.

바꿔 생각하면 21일간의 노력으로 뇌를 바꾸고 습관을 바꿀 수 있다는 얘기입니다.

말이 씨가 되고, 말이 뇌에 변화를 일으킬 것입니다.

*

병아리가 알에서 부화하기까지 걸리는 시간이 21일입니다.

생쥐가 뱃속에 새끼를 잉태해 낳기까지 21일이 걸립니다.

우리에게도 삼칠일三七日 풍속이 남아 있습니다. 출산 후 아기의 건강을 빌며 7일 단위로 행하는 풍습이 있는데, 21일째 되는 날엔 위험한 시기를 잘 넘겼다는 의미로 새벽에 삼신할머니에게 흰밥과 미역국을 올리고 금줄을 내렸습니다.

수수경단을 만들어 일가친척에게 대접하기도 했지요.

그런데 뇌에 변화를 일으키는 데도 21일이 걸린다니 대단히 의미심장하지 않습니까.

21일간 꾸준히 노력하면 우리가 새롭게 태어나듯 지금까지와는 다른 삶을 살 수도 있습니다.

그러나 알기만 해서는 소용없습니다. 실천에 옮겨 변화를 경험해봐야 의미가 있지요.

그렇게 할 때 우리 뇌가 달라지고, 삶도 달라질 것입니다.

전보다 훨씬 행복하고 따뜻한 사람이 되어 있을 겁니다.

21일 동안 매진하는 게 부담스럽다면 먼저 일상생활에서 작은 변화를 시도해보세요.

자기 자신에 대한 밝고 긍정적인 생각을 모아보는 겁니다.

우리 뇌는 실제 눈으로 보는 거나 상상하는 것에 똑같이 반응합니다.

뇌와 몸에 활력이 넘치도록 긍정적인 말을 해주세요.

내가 가진 좋은 면을 부각시키고 개선될 여지가 있는 부분, 더 나아질 수 있는 부분들에 희망과 용기를 불어넣는 겁니다.

이것은 '이렇게 해달라. 저렇게 해달라' 하면서 이런저런 바람을 늘어놓는 것과는 다릅니다.

부족하고 한심하게만 봤던 나 자신을 제대로 보고 소중히 여기는 겁니다.

자기 자신조차 무시하고 천대하는데 세상 누가 나를 인정하고 존중해주겠습니까. 내 삶의 주인공은 나라는 사실을 새삼 강조하며 아끼고 사랑하세요.

그렇게 자기 자신을 향한 사랑이 싹트면 가족이나 친척 등 가까운 사람들을 떠올려보세요.

그 사람의 안녕과 행복을 비는 명상, 그것이야말로 내가 먼저 행복해지고 복을 짓는 일입니다.

그렇게 할 때 새로운 신경망이 구축되면서 긍정적이고 행복한 뇌로 바뀌어갑니다.

몸에 새로운 습관을 가르치는 학습에서 21일이라는 지속성은 매우 중요합니다.

날마다 조금씩 실천하면서 우리 몸이 새로운 습관을 익히게 길을 내는 것입니다.

불평하지 않고
살아보기

　불평은 번식력이 강한 바이러스처럼 우리가 만나는 사람들까지
감염시킵니다.

　부정적이고 불만스러운 태도가 주위 사람들의 사고와 행동에까
지 영향을 끼칩니다. 어두운 기운을 확산시킵니다.

　그렇다고 무작정 입을 다물고 참고만 있으면 화병이 생깁니다.

　어찌 보면 불평은 행복을 밀어내는 습관이기도 합니다.

　투덜대기 좋아하는 사람들은 매사에 꼬투리를 잡습니다.

　습관은 하루아침에 고치기 어렵지만 그렇다 해도 고칠 수 없는
것은 아닙니다.

불평은 번식력이 강한 바이러스처럼 우리가 만나는 사람들까지 감염시킵니다. 부정적이고
불만스러운 태도가 주위 사람들의 사고와 행동에까지 영향을 끼칩니다. 어두운 기운을 확
산시킵니다.

＊
＊

어느 여름날 미국 미주리주 캔자스시티에 사는 목사 윌 보웬will
Bowen은 교인 대상 독서클럽을 준비하던 중 한 가지 깨달음을 얻
게 됩니다.

'인간이 겪는 모든 불행의 뿌리에는 불평이 있구나!'

부정적인 말이 부정적인 생각을 부르고, 결국엔 부정적인 결과
로 이어진다는 삶의 이치를 깨닫게 된 겁니다.

그래서 입버릇처럼 내뱉는 불평을 없애보자며 교인들을 중심으
로 '불평 없는 세상' 캠페인을 시작했습니다.

"불평은 우리가 원하지 않는 것에 초점을 맞추게 한다"며 원하
지도 않는 일에 이끌리는 것보다 원하는 것에 초점을 맞추고 사는
방법을 안내하는 것이 캠페인의 목적이었습니다.

보웬 목사는 사람들에게 보라색 고무 밴드를 다섯 개씩 나눠줬
습니다.

그러면서 한쪽 손목에 다섯 개를 나란히 끼우고 다니다가 자신
이 불평하고 있음을 알아차릴 때마다 밴드를 하나씩 다른 쪽 손목
으로 옮기라고 일러줬습니다.

21일 동안 내리 불평 않고 지낼 때까지 밴드를 계속 착용해야
했습니다.

'연속 21일'이라고 정한 것은 보웬 목사도 우리가 앞에서 살펴봤

던 '21일 법칙'을 알고 있었기 때문입니다.

사람이 새로운 행동을 습득해 습관으로 만들기까지 최소 21일 걸린다는 이야기를 어디선가 들은 적이 있었다고 합니다.

단 하루도 불평 없이 21일을 보내려면 수개월이 걸릴 수도 있습니다.

사나흘 잘 버텼더라도 불쑥 불평이 나오면 다시 첫째날부터 시작해야 하니까요.

경험자들에 따르면 평균 4개월에서 8개월이 걸린다고 합니다.

그런데 정말 고무 밴드로 불평을 줄일 수 있을까요?

보웬 목사는 고무 밴드를 손목에 끼고 있는 것만으로도 사람들은 자신이 얼마나 많은 불평을 하고 사는지 깨닫게 된다고 말합니다.

그리고 자신이 불평을 하고 있음을 알아차리기 시작하면 입 밖으로 부정적인 말을 쏟아내기 전에 스스로 마음을 다잡게 하는 효과가 있다고 합니다.

구체적으로는 4단계를 거칩니다. 의식하지 못하고 불평하는 단계에서 시작해 의식하면서 불평하는 단계와 의식하면서 불평하지 않는 단계를 거쳐 의식하지 않아도 불평하지 않는 단계까지 갑니다.

*
*

작은 교회에서 20여 명의 교인을 상대로 시작한 이 캠페인은 그 효과가 입소문을 타고 미국 전역에까지 알려졌습니다.

뿐만 아니라 〈오프라 윈프리 쇼〉, 〈투데이 쇼〉에 소개되어 큰 반향을 일으켰습니다.

미국 각지에서 보라색 고무 밴드를 보내달라는 요청이 빗발쳤고, 지금은 세계 각국에 매일 1,000개 이상의 고무 밴드를 보내주고 있다고 합니다.

고무 밴드는 우리 뇌에서 분노가 질주하지 못하도록 붙잡아주는 감시카메라와 같습니다.

전전두피질이나 전방대상피질의 간섭 없이 충동적으로 반응했던 뇌가 차츰 통제를 받기 시작하는 겁니다.

그렇게 21일을 반복하면 불만스러운 상황에 맞닥뜨렸을 때 감정중추보다 전전두피질과 전방대상피질이 먼저 이성적으로 판단을 내리도록 새로운 길이 만들어집니다.

불행으로 치닫는 길을 봉쇄하고 행복에 이르는 새 도로를 내는 셈입니다.

마음에서 불평불만이 일어나면 억누르지 말고 있는 그대로 인정해주세요.

감정에 휩쓸리지 말고 생겼다가 사라질 때까지 가만히 지켜보기만 하면 됩니다.

그렇게 조금씩 힘을 기르면 욱 하며 올라오는 감정이 잦아들면서 가시처럼 날카로웠던 불만도 그럴 수도 있는 일쯤으로 넘길 수 있게 됩니다.

　그러다보면 어느새 우리를 지배하고 있던 '불평의 뇌 지도'는 점
차 줄어들기 시작할 것입니다.

행복 지수를 높이는
감사 일기 쓰기

데이비스 캘리포니아대학교 심리학과 교수인 로버트 에몬스 Robert Emmons 박사는 감사하는 마음가짐이 주는 효과를 오랫동안 연구했습니다.

대표적인 연구로는 '감사 일기 쓰기'가 있습니다.

에몬스 박사는 12세에서 80세에 이르는 성인들을 대상으로 한 달 동안 일기를 쓰도록 했습니다.

다만 두 그룹으로 나눠 한 그룹에는 감사하는 내용을 기록하게 하고, 나머지 한 그룹에는 아무 사건이나 자신이 원하는 내용을 적도록 했습니다.

한 달 후 놀라운 결과가 확인됐습니다. 감사하는 내용을 일기로 적은 그룹 중 4분의 3이 행복 지수가 높아진 것입니다.

또한 잠을 더 잘 자고, 일과 운동도 더 잘됐다는 반응이 나왔습니다.

어떻게 이런 결과가 나왔을까요? 마이애미대학교 심리학과 교수인 마이클 맥클로우Michael McCullough 박사는 "잠깐 멈춰 서서 감사할 점들을 생각해보는 순간 감정 시스템은 이미 두려움에서 탈출해 아주 좋은 상태로 이동한다"고 설명합니다.

감사하는 마음가짐이 좌측 전전두피질을 활성화시켜 스트레스를 완화시키고 행복한 기분을 느끼게 하는 것입니다.

이를 테면 망상과 번뇌로 복잡한 상태인 뇌에 '감사의 리셋reset' 버튼을 눌러주는 셈입니다.

맥클로우 박사는 "마치 승리에 도취된 감정을 느낄 때와 유사한 감정의 선순환을 만든다"고 말합니다.

심장과 뇌의 상호작용을 연구해온 미국 하트매스 연구소HeartMath Institute의 롤린 맥크래티Rollin McCraty 박사도 감사하는 마음에 주목했습니다.

맥크래티 박사는 사람들에게 의식적으로 감사하는 마음을 갖게 한 결과 부교감신경계가 활성화되어 스트레스와 긴장이 감소됐다고 보고했습니다.

감사하는 마음으로 누군가를 미워하거나 시기하기는 어렵습니다.

불평하지 않기로 부정적인 감정을 솎아낼 수 있다면 감사하는 마음가짐은 그 자리에 화사한 꽃을 심고 따뜻한 햇볕을 쏘이는 수준으로 나아가는 것입니다.

에몬스 교수는 "감사하는 사람은 그렇지 않는 사람보다 훨씬 생기 있게 생활하고 매사에 적극적이고 열정적이며 다른 사람들에게 더 친밀감을 느낀다"고 말합니다.

감사는 스트레스와 분노, 화를 잠재우는 특효약이자 행복이 자라게 하는 영양제입니다.

오늘부터라도 감사 일기를 써보세요.

무작정 쓰려고 하면 막막할 수 있습니다. 그날에 있었던 좋은 일들과 감사한 일들을 기록으로 남겨보세요.

자신이 잘한 일, 자신에게 잘해준 사람들을 떠올리며 오늘 하루도 좋았다고 감사한 마음을 가져보세요.

자신이 썩 괜찮은 사람이며, 주위로부터 많은 도움을 받고 사는 운 좋은 사람이라는 생각이 들 것입니다.

자신과 주위 사람들의 좋은 점이 하나둘 보이기 시작하면 움츠러들었던 마음이 한결 너그러워질 것입니다.

세상살이가 그렇게 빡빡하지만은 않다고 느껴질 것입니다.

감사 일기는 밤에 쓰는 게 좋습니다. 물론 아침에 쓴다고 나쁠 건 없습니다. 다만 우리가 잠자는 동안 기억이 고착화되기 전에 감사할 만한 일들을 되새길 경우 더 효과적일 것이라 기대하는 것입니다.

감사 일기를 꾸준히 쓰다보면 아침에 눈 뜨는 순간부터 우리 뇌는 감사할 일을 찾기 시작할 것입니다.

　당연히 불평불만과 멀어지고 밝고 너그러운 마음으로 채워지겠지요.

　자신의 장점과 주변 사람들의 도움에 감사하면서 자신의 부족한 점을 채워간다면 지금 누리고 있는 행복이 훨씬 더 커질 것입니다.

타고난 유전자를
이기는 마음 습관

허버트 벤슨 박사는 심장전문의입니다. 젊은 시절 그의 주요 관심사는 스트레스와 혈압의 상관관계를 찾아내는 것이었습니다.

1970년대에 그는 원숭이의 혈압이 올라가면 얼굴에 백색 광선을 비추고 먹이를 주지 않는 대신, 혈압이 내려가면 청색 광선을 비춘 후 먹이를 주었습니다.

이와 같은 조건화를 반복한 결과 원숭이는 혈압 낮추는 약을 먹지 않고도 스스로 혈압을 낮출 수 있게 되었습니다.

그전까지 혈압은 자율신경계의 기능에 따르므로 의도적으로 조절할 수 없다고 믿어왔기에 벤슨 박사의 연구 결과는 상당한 반향을 일으켰습니다.

벤슨 박사의 연구 결과가 널리 알려지자 어느 날 초월 명상을 수련한 수행자가 그의 연구실에 찾아왔습니다.

이 수행자는 자신도 마음먹으면 혈압을 내릴 수 있다며 자신을 실험해보라고 제안했습니다.

거듭 졸라대는 통에 벤슨 박사는 이 수행자를 대상으로 명상할 때와 명상 전후에 나타나는 생리적 반응을 살펴보았습니다. 호흡 수, 체온, 혈압 등을 측정하고 뇌파 검사도 했습니다.

그 결과 혈압이 약간 낮아지기는 했지만 그렇다고 유의미한 차이는 아니었습니다.

하지만 신진대사, 이산화탄소 배출량, 호흡 빈도, 뇌파 등에서 극적인 변화가 확인되었습니다. 이산화탄소 배출량, 호흡 빈도, 신진대사율 모두 잠잘 때처럼 낮아졌습니다.

반면에 뇌파는 세타파가 활성화되는 것으로 나타났습니다.

초당 4~8의 비교적 느린 주기를 보이는 세타파는 각성과 수면 사이의 의식 상태를 반영하는 것으로, 주로 이완상태를 의미하지만, 깊은 통찰이나 창의적인 생각이 일어나는 순간에도 나타납니다.

명상할 때 세타파가 활성화됐다는 것은 이완되어 편안한 기분을 느끼면서도 뇌가 깨어 있는 상태라고 볼 수 있습니다. 몸은 고요하고 마음은 별처럼 또렷한 이른바 '성성적적惺惺寂寂'의 경지를 뇌과학적으로 표현한 것이라 할 수 있습니다.

이후 벤슨은 다양한 후속 연구와 문헌 조사를 거쳐 명상 수련자에게서 발견한 이와 같은 변화를 '이완반응Relaxation Response'이라고 이름 붙이고, 1975년부터 하버드 대학병원에서 임상에 적용하기 시작했습니다.

＊
＊

이후 많은 연구자들이 불안, 우울, 분노, 적대감, 불면증, 고혈압, 월경통, 과민성대장증후군 등에 이완반응이 효과적임을 증명하는 실험 결과를 발표했습니다.

벤슨 박사는 1970년대부터 심신의학 관련 여러 책을 저술하고, 1988년에는 하버드 의대 부설 심신의학연구소를 설립하는 등 오랫동안 명상을 서양의학에 접목해왔습니다.

그런 그가 10여 년 전부터는 유전자에 관심을 쏟고 있습니다.

'이완반응 명상이 유전자 발현 활동을 변화시킬 수 있는가?'라는 질문에 답하기 위한 것입니다.

그리고 마침내 2008년에 하버드 의과대학 연구팀과 함께 이완반응이 유전자에까지 영향을 미칠 수 있다는 사실을 확인하기에 이릅니다.

연구팀은 장기간 이완반응 수련을 한 19명과 8주간 이완반응 훈련을 받은 20명 그리고 이완반응 경험이 전혀 없는 20명의 통제 집단까지 총 세 집단의 혈액을 채취해 검사했습니다.

그 결과 이완반응 장기 수련자들과 통제 집단 사이에 무려

2,209개 유전자가 차이를 보였습니다. 그리고 8주간의 훈련을 마친 집단과 통제 집단을 비교했을 때도 1,561개 유전자가 다르게 활동하는 것으로 나타났습니다.

스위치가 꺼지거나 켜지는 식으로 1,561개 유전자 중 874개는 통제 집단보다 더 밝고, 687개 유전자는 더 어두웠습니다.

주목할 것은 비록 8주간이었지만 이완반응 훈련을 받은 사람은 장기 수련자와 433개 유전자가 똑같이 활동하는 것으로 나타났다는 점입니다. 대부분 스트레스와 신체 노화를 조절하는 유전자들이었습니다.

벤슨 박사는 이와 관련해 다음과 같이 말합니다.

"이완반응으로 유전자 구조를 바꿀 순 없지만 어떤 유전자는 끄고, 어떤 유전자는 켜서 그 활동을 조절할 수 있다. 만약 당신이 이완반응을 익힌다면 장기 명상 수련자와 정도는 다르지만 동일한 유형의 변화를 기대할 수 있을 것이다."

머릿속이 복잡해지고 생각이 많아지면 뇌가 유기적이고 효율적으로 작동하지 못하고 부조화 상태에 빠집니다.

그런데 명상을 하면 뇌를 선택적으로 사용할 수 있습니다. 대부분의 뇌는 조용히 쉬고 고등정신을 담당하는 부위, 감정을 담당하는 부위, 생명 보존을 담당하는 부위처럼 꼭 필요한 영역만 선택적으로 작동시킬 수 있습니다.

심리 훈련을 통해 뇌를 효과적으로 사용하게 되는 것이지요.

마음이 한곳에 모이니 그동안 나를 괴롭히던 괴리감이 사라지고 마음과 뇌가 조화로운 상태에 이르게 됩니다. 그만큼 행복 지수가 높아질 수밖에 없습니다.

돈으로 행복을 살 수 있다

"다른 이를 위해 쓴다면 돈으로 행복을 살 수 있다."

이것은 캐나다의 브리티시 컬럼비아대학교가 2008년 3월 20일에 발표한 보도자료 제목입니다. 다른 이를 위해 돈을 쓴 사람이 자신만을 위해 돈을 쓴 사람보다 더 행복하다는 내용입니다.

사람은 누구나 행복하길 원합니다. 부자도 가난한 사람도 행복해지고 싶은 바람으로 오늘 하루를 시작했을 것입니다.

모두가 행복해지길 바라지만 저마다 추구하는 행복의 기준은 천차만별입니다.

경제적으로 풍족해지면 행복할 거라고 믿는 사람도 있고, 권력을 손에 넣는다면 남부러울 게 없겠다고 생각하는 사람도 있습니다.

그렇다면 진정한 행복이란 무엇일까요? 그리고 과연 돈으로 행복을 살 수 있을까요?

＊＊

브리티시 컬럼비아대학교 심리학과 교수인 엘리자베스 던Elizabeth Dunn 박사는 돈과 행복의 관련성을 다룬 논문을 무려 1만 7,000편이나 살펴보았다고 합니다.

그런데 "소득이 늘어도 행복감은 늘지 않는다"고 결론 내린 논문이 대부분이었다는군요.

월급이 는다고, 집값이 올랐다고 해서 행복해지는 것은 아니라는 이야기지요.

던 박사는 다음과 같은 의구심을 품게 되었습니다.

'행복이 돈을 버는 것과 별 상관없다면, 돈을 쓰는 것과도 상관이 없는 걸까?'

이러한 의구심을 풀기 위해 하버드경영대학원 마이클 노튼 Michael Norton 교수와 함께 다양한 연구를 진행했습니다.

연구 결과는 놀랍게도 '돈으로 행복을 살 수 있다'였습니다. 이 내용은 2008년 과학전문지 〈사이언스〉에 소개되었습니다.

연구팀은 표본 추출한 미국인 632명의 전반적인 행복도를 조사한 다음 이들의 연간 수입과 월별 지출내역을 분석했습니다. 월별 지출 내역에는 각종 공과금과 자신을 위해 구매한 물품, 다른 사람을 위한 선물, 기부금 등이 포함되었습니다.

그 결과 다른 사람을 위해 돈을 많이 쓴 사람일수록 큰 행복감을 느끼는 것으로 확인되었습니다. 얼마나 많이 버느냐는 행복과 아무런 상관이 없는 것으로 나타났다고 합니다.

만일에 대비해 돈을 축적하고, 더 많이 가질수록 행복할 것이라는 통념을 거스르는 결과였습니다.

＊
＊

연구팀은 또 미국 보스턴에 있는 기업 직원들을 대상으로 최소 3,000달러에서 최대 8,000달러에 이르는 성과급을 받기 전과 받고 난 후의 행복감을 조사했습니다.

그랬더니 직원들이 느끼는 행복은 성과급 자체보다 그 성과급을 어떻게 쓰느냐와 더 높은 상관관계를 보였습니다.

성과급 일부를 자선단체에 기부하거나 다른 사람을 위한 선물 구매에 쓴 직원들이 가장 큰 행복감을 느끼더라는 것입니다.

사람들은 정말 자신을 위해 돈을 쓸 때보다 남을 위해 돈을 쓸 때 더 행복감을 느낄까요?

연구팀은 앞선 두 연구 결과를 재차 확인하기 위해 재미있는 실험을 해봤습니다.

참가자 46명에게 5달러나 20달러가 들어 있는 봉투를 주면서 정해진 시간까지 그 돈을 모두 쓰고오라고 했습니다.

다만 23명은 통신비나 물품 구매 등 자신이 필요한 곳에 쓰고, 나머지 23명은 자신이 아닌 다른 이를 위해 써야 한다는 조건이 있었습니다.

약속된 시간에 맞춰 돌아온 실험 참가자들의 행복도를 조사했습니다.

결과는 어땠을까요?

자기 자신보다 다른 사람을 위해 돈을 쓴 참가자들이 더 큰 행복감을 느꼈다고 합니다.

연구팀은 사람들에게 임의로 5달러나 20달러가 든 봉투를 나눠주고 자신을 위한 선물을 사거나 집세 등 생활비에 쓰거나, 다른 사람을 위한 선물을 사거나 자선단체에 기부하기 등 4가지 중에 선택하도록 했을 때도 비슷한 결과를 얻었습니다.

다른 사람에게 선물을 하거나 자선단체에 기부한 사람들이 가장 큰 행복감을 느꼈던 것입니다.

연구팀은 말합니다.

"5달러라는 사소한 금액으로도 큰 행복을 느낄 수 있다. 만약 행복해지고 싶다면 다른 사람에게 투자하라."

*
*

돈으로 행복을 살 수 있습니다. 다만 백화점이나 마트에선 살 수 없습니다.

또 행복의 가격은 파는 사람이 정하지 않고 사는 사람이 정합니다. 그래서 돈이 많든 적든 누구나 마음만 먹으면 살 수 있습니다.

던 박사는 말합니다.

"돈은 어디로든 갈 수 있는 자동차 같은 것이다."

기왕 운전대를 잡았으니 행복을 향해 나아가야 하지 않을까요?

던 박사 연구팀은 《당신이 지갑을 열기 전에 알아야 할 것들》이란 책에서 행복해지려면 상품보다 '체험'을 구매하라고 조언합니다.

넓은 집, 비싼 백을 구매할 때보다 여행, 콘서트 관람, 유명 레스토랑에서의 식사 같은 특별한 체험에 돈을 쓸 때 더 큰 행복감을 느낀다고 하네요.

행복은 우리가 얼마를 가졌든 상관없이 그것을 어떻게 사용하느냐에 달려 있습니다.

행복 지수를 높여주는 '긴장이완 훈련'

우리 몸에서 유독 긴장을 잘 하는 부위가 있습니다. 혀, 눈, 턱, 목, 어깨, 가슴 등이 그렇습니다.

평소 긴장하면 혀가 굳어서 말이 잘 나오지 않을 때가 있지요. 또 눈가나 턱을 바르르 떨기도 합니다.

긴장이 심하면 목이 뻣뻣해지고 어깨와 가슴도 뻐근해지는 것을 느끼지요. 따라서 긴장 상태에서는 특히 이 부위를 풀어주는 것이 좋습니다.

또한 평소에도 스트레칭 등으로 목이나 어깨, 가슴, 팔, 다리, 손가락, 발가락까지 이완시키는 훈련을 자주 해주는 것이 좋습니다.

긴장을 해소하는 데는 호흡 명상이 가장 효과적입니다.

나를 사로잡고 있던 긴장이 몸에서 빠져나와 땅속으로 스며드는 모습을 마음속으로 그려보세요.

숨을 내쉬면서 "긴장이 풀린다. 긴장이 눈 녹듯이 사라진다"라고 말해보세요.

그런 다음 숨을 깊이 들이마셨다가 토하면서 발바닥을 통해 긴장이 빠져나가는 모습을 마음속으로 그려보세요.

이렇게 반복하다 보면 긴장을 내려놓게 됩니다.

하늘과 우리 뇌와 땅이 연결되어 있으니 하늘에서 숨을 크게 들이마셔 몸속으로 통과시켜 긴장이 발바닥을 통해 땅속으로 흘러들어간다고 생각을 모으는 겁니다.

이를 천지인天地人 호흡 명상이라고 하는데, 긴장을 해소할 때 효과를 볼 수 있습니다.

손쉬운 이완 방법 또 한 가지는 손 위로 따뜻한 물을 흘려보내는 것입니다.

우리가 몸이 무거울 때 따뜻한 물에 들어가 앉아 있으면 한결 기분이 개운해지는 것과 같습니다.

따뜻한 물에 손을 담그는 것만으로도 몸의 긴장이 꽤 풀립니다.

반대로 찬 물에 손을 넣으면 혈압도 올라가고 근육이 긴장하지요. 마음을 가라앉힐 때는 따뜻한 물로 손을 씻으면 효과를 기대할 수 있습니다.

아주 급할 때는 입술을 만지는 것도 마음을 진정시키는 데 도움이 됩니다. 입술을 만지면 아기가 엄마 젖을 빨 때처럼 진정되는 효과가 있습니다.

*
*

심호흡도 부교감신경계를 작동시켜 긴장을 이완시킵니다.

심호흡을 좀더 체계적이고 기술적으로 하면 '단전호흡'이 됩니다. 단전은 해부학적 용어가 아닌 까닭에 서양 사람들은 '횡격막 호흡'이라고 하지요.

허파 아래쪽에 있으면서 가슴과 복부를 구분하는 횡격막을 잘 활용하면 긴장 완화에 도움이 됩니다.

숨을 들이마시면 횡격막이 아래로 내려가 가슴이 열리고, 숨을 내쉬면 횡격막이 위로 올라와 가슴속 허파를 압박해 공기를 바깥으로 배출하는 것이 횡격막 호흡의 원리입니다.

배꼽 위에 손을 얹고 숨을 쉬어보세요.

숨을 들이마시면 횡격막이 내려가면서 아랫배가 솟아오르는 게 느껴질 것입니다.

이제 숨을 내쉬면 횡격막이 위로 올라오면서 부풀었던 배가 다시 제자리로 내려갑니다.

숨을 들이쉬고 내쉴 때마다 손이 움직이는 게 느껴질 것입니다.

이 움직임이 2~3센티미터 이상으로 커지도록 훈련해보세요.

익숙해지면 언제 어디서나 손을 올리지 않고도 아랫배로 호흡할 수 있습니다.

만약 호흡으로 분노의 불길을 잡을 수 있다면 평생 자동분노조

절장치를 달고 사는 것이나 다름없습니다.

심장 박동을 일정하게 유지하는 것도 부교감신경계 활성화에 도움을 줍니다.

거꾸로 심장 박동수가 일정치 않다는 것은 교감신경계가 활성화되었다는 걸 의미합니다. 스트레스를 받거나 불쾌한 감정에 휩싸일 때 심장 박동이 급격히 빨라지면 심장이 터질 것처럼 불안할 것입니다.

심장 박동수가 극단적으로 변하지 않고 일관성 있게 유지한다면 감정 조절과 스트레스 감소는 물론 심혈관계 건강에도 도움이 된다고 합니다.

그렇다면 심장 박동수를 어떻게 일정하게 조절할까요?

미국의 하트매스 연구소에서 개발한 심박 균형 맞추기 훈련법이 있습니다. 앞에서 살펴본 호흡법과 크게 다르지 않습니다.

들숨과 날숨의 길이를 같게 하면서 호흡을 알아차림 하고 마음에 긍정적인 그림을 그리는 것입니다.

먼저 심장이 가능한 규칙적으로 뛰게 하려면 들숨과 날숨의 길이가 같도록 호흡해야 합니다. 숨을 3초 정도 들이마시면 토해내는 데도 3초 정도 걸려야 합니다.

속으로 하나, 둘, 셋 세면서 숨을 들이마신 다음 다시 하나, 둘, 셋을 세면서 천천히 내쉬세요.

이게 조금 익숙해지면 4초 정도 들이마시고 4초 동안 내쉬는 연습을 해보세요.

서서히 늘려 5초 들이쉬고 5초 내쉬는 게 가능해지면 충분합니다. 그렇게 들숨과 날숨을 같은 길이로 호흡하면서 심장 박동에 집중해보세요.

마음속으로 심장을 그려보고 숨을 들이마시고 내쉴 때마다 신선한 산소가 들어가고 나오는 모습을 상상하는 겁니다.

숨을 일정하게 들이마시고 내쉬면서 '내 심장은 건강하다', '내 심장은 행복하다', '내 심장은 힘차게 뛰고 있다'고 상상해보세요.

마지막으로 호흡과 심장 박동을 통해 온 몸에 산소와 혈액이 공급될 때마다 감사하는 마음을 갖습니다.

숨 쉴 수 있고 심장이 뛰어 이렇게 살아 있으니 정말 감사하다고 생각하는 겁니다.

그러면서 감사와 사랑의 감정이 공기를 타고, 혈액을 타고 온 몸으로 퍼지는 모습을 그려보세요.

이런 훈련을 1분 이상 해보면 미묘한 변화를 느낄 수 있을 것입니다.

생각 정원

ⓒ2014 장현갑

1판 1쇄 발행 2014년 4월 10일
1판 10쇄 발행 2023년 1월 5일

지은이 장현갑
펴낸이 이선희

기획편집 이선희 구미화 전진
디자인 정연화 최정윤
마케팅 정민호 이숙재 김도윤 한민아 정진아 이민경 정유선 김수인
브랜딩 함유지 함근아 김희숙 고보미 박민재 박진희 정승민
제작 강신은 김동욱 임현식
제작처 영신사

펴낸곳 (주)나무의마음
출판등록 2016년 8월 25일 제406-2016-000107호

주소 10881 경기도 파주시 회동길 210
문의전화 031-955-8891(마케팅) 031-955-2683(편집) 031-955-8855(팩스)
전자우편 sunny@munhak.com

ISBN 978-89-546-2445-9 03180

www.munhak.com